FAGOT LIBRO NÚMERO 1

ESSENTIAL ELEMENTS
para banda

MÉTODO DE BANDA COMPRENSIVO

TIM LAUTZENHEISER • JOHN HIGGINS • CHARLES MENGHINI
PAUL LAVENDER • TOM C. RHODES • DON BIERSCHENK
Traducido al español por Sara Denlinger

Banda es...

M anifestando arte musical con una familia de amistades
U tilizando nuestra dedicación para crear éxito
S uperarse a través de las alegría en trabajar unidos
I ndividuos expresándose en un idioma universal
C reatividad - expresándote en un idioma universal
A ctualizando la unión de varias personas y culturas

Banda es...**MÚSICA!**

¡A Tocar la música!
Tim Lautzenheiser

HISTORIA DEL FAGOT

El antecesor más antiguo del fagot se llamaba dulcian. Este instrumento de lengüeta doble de una sola pieza proporcionaba la línea de bajo importante en la música del siglo XVI.

Los fagotes de varias secciones aparecieron por primera vez en Francia en el siglo XVII. Carl Almenräder (1786-1843) es el contribuyente más significativo al diseño del fagot moderno. Mejoró el sonido y la capacidad de las notas del instrumento, y publicó un artículo sobre sus innovaciones. En 1831, él y A. J. Heckel fundaron una fábrica que fabricaba el fagot moderno del sistema alemán.

Originalmente, había cinco miembros en la familia del fagot. Los dos instrumentos que sobreviven hoy son el fagot y el contrafagot. En la banda de concierto y la orquesta, estos instrumentos versátiles contribuyen a la línea de bajo, interpretan solos y se mezclan bien con otros instrumentos.

Vivaldi, Mozart, Mahler, Villa-Lobos, Saint-Saëns y Stravinsky son compositores importantes que han incluido el fagot en sus obras. Fagotistas famosos incluyen a Bernard Garfield, Sherman Walt, Judith LeClair, Gustavo Núñez y Daniel Matsukawa.

Para crear una cuenta, visite:
www.essentialelementsinteractive.com

Codigo de activacion de estudiante
E1BN-ES36-6124-3942

ISBN 979-835015926-4

LO BÁSICO

Postura

Siéntate al borde de tu silla, y siempre mantén tu:

- Columna recta y erguida
- Hombros hacia atrás y relajados
- Pies planos en el suelo

Respiración y corriente de aire

La respiración es algo natural que todos hacemos constantemente. Para descubrir la corriente de aire correcta para tocar tu instrumento:

- Coloca la palma de tu mano cerca de tu boca.
- Inhala profundamente por las comisuras de la boca, manteniendo los hombros firmes. Tu cintura debe expandirse como un globo.
- Susurra lentamente "tu" mientras exhalas aire gradualmente hacia tu palma.

El aire que sientes es la corriente de aire. Esta produce el sonido a través del instrumento. Tu lengua es como un grifo o una válvula que libera la corriente de aire.

Produciendo el tono esencial 

Tu embocadura es la posición de tu boca sobre la lengüeta. Una buena embocadura requiere tiempo y esfuerzo, así que sigue cuidadosamente estos pasos para tener éxito:

- Remoja toda la lengüeta en un vasito de plástico (30-60 ml) durante 3-4 minutos.
- Abre la boca de modo que tus dientes estén ligeramente separados
- Lleva la mandíbula hacia atrás. Mantén la mandíbula en esta posición al tocar el fagot.
- Enrolla tu labio inferior sobre tus dientes inferiores. Saca la lengüeta del agua y colócala suavemente en el centro de tu labio inferior.
- Cubre tus dientes superiores con el labio superior y cierra firmemente los labios alrededor de la lengüeta. Ajusta la lengüeta para que tu labio superior casi toque el primer alambre.
- Mantén la mandíbula hacia atrás. Tus labios sostienen la lengüeta. Asegúrate de que tus dientes no la toquen.

Cuidando tu instrumento 

Antes de guardar tu instrumento en su estuche después de tocar, haz lo siguiente:

- Quita cuidadosamente la lengüeta y Quita cuidadosamente la lengüeta, sopla aire a través de ella y guárdala en su estuche.
- Retira el bocal y sopla aire por el extremo más grande para eliminar el exceso de humedad.
- Desarma el instrumento en el orden inverso al de montaje. Limpia cada sección con una gamuza o varilla de limpieza. Deja caer el peso de la gamuza por cada sección y pásala para secar. Guarda cada sección en su lugar correcto dentro del estuche.

Entrenamiento con caña

Forma la embocadura alrededor de la boquilla y respira profundamente sin levantar los hombros. Susurra "tu" y exhala gradualmente toda tu corriente de aire. Esfuérzate por tener un tono uniforme.

Consulta el interior de la portada para obtener información sobre cómo acceder a los videos instructivos.

Reuniéndolo todo

Paso 1 Remoja la caña (ver página 2). Frota un poco de grasa para corchos* en todos los corchos, si es necesario. Coloca la correa del asiento sobre la silla o ponte la correa del cuello. Lava tus manos.

Paso 2 Sujete la junta del ala (tenor) con la mano derecha e introdúzcala en el pequeño orificio de la junta de la bota, con pequeños giros. La curva de la junta debe mirar hacia adentro y alinearse con el otro orificio de la junta de la bota.

Paso 3 Sostenga el cuerpo superior con la mano izquierda. Sujete el cuerpo inferior con la mano derecha. Empuje suavemente el extremo más pequeño del cuerpo superior dentro del cuerpo inferior. Ajuste hasta que el mecanismo de bloqueo encaje.

Paso 4 Sujete la campana con la mano derecha y use el pulgar para presionar la llave y levantar la palanca de conexión. Gire suavemente la campana sobre el corcho del cuerpo superior. Alinee las barras de conexión.

Paso 5 Coloque el extremo del cuerpo inferior del instrumento en la copa de la correa de asiento (o enganche la correa de cuello al anillo) y ajuste. Si utiliza un reposamanos, insértelo en el cuerpo inferior.

Paso 6
Sostenga el bocal por la curva con la mano derecha. Empuje suavemente el corcho del bocal en la pequeña abertura del cuerpo del ala. Alinee la ventilación y la almohadilla de la tecla de susurro. Coloque la lengüeta en el extremo del bocal. Sostenga el fagot como se muestra.

campana
campana de tecla
Palanca de conexión
bocal
corcho
Lengüeta
orificio de ventilació
cuerpo largo
tecla de susurro
Cuerpo tenor
Palanca de conexión
corcho
apoya mano
seccion superior

Usa cera de parafina en las juntas con rosca. que están apretadas. Usar grasa para corcho hará que estas juntas se endurezcan aún más y puede dañar el instrumento.

PRECAUCIÓN: Cuando camines con tu instrumento ensamblado, sujétalo siempre por la junta del tubo en U (boot). El tubo en U es pesado y puede soltarse fácilmente si las juntas están flojas, lo que puede causar daños costosos.

El estudiante que aparece es miembro de la Orquesta Juvenil de Milwaukee.

LECTURA DE MÚSICA

Identifica y dibuja cada uno de estos símbolos:

Pentagrama

El Pentagrama de Música tiene 5 líneas y 4 espacios donde se escriben notas y silencios.

Lineas adicionales

Las líneas adicionales amplían el pentagrama musical. Las notas en las líneas adicionales pueden estar por encima o por debajo del pentagrama.

Compases y lineas divisoras

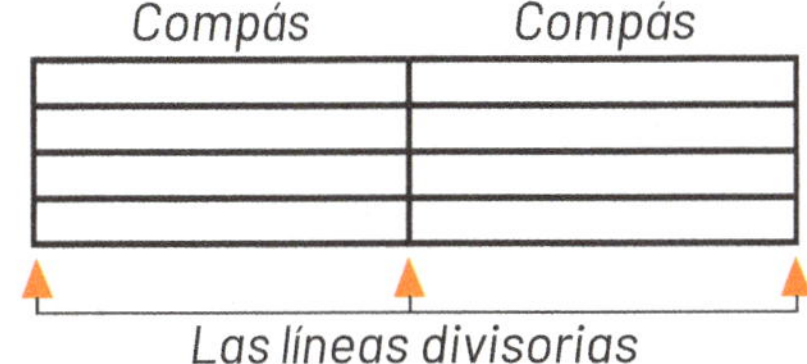

Las líneas divisorias dividen el pentagrama musical en compases.

Clarificación: La palabra compás también se refiere a la fracción numérica que aparece al principio de una canción para indicar cuantos pulsos se encuentran en un compás (el espacio entre las lineas divisoras), pero ese concepto será explicado con mas detalle después en este libro.

Tono largo

Para empezar, usaremos una nota especial de "Tono Largo". Mantén el tono hasta que tu profesor te diga que descanses. Practica tonos largos todos los días para desarrollar tu sonido.

1. La primera nota

Mantén cada tono largo hasta que tu profesor(a) te diga que descanses

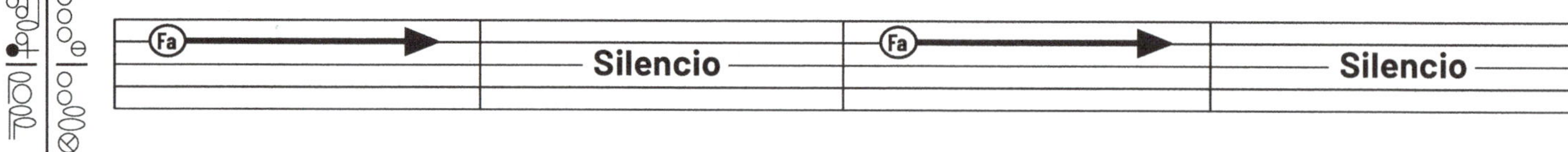

Para tocar 'F', coloca los dedos en las teclas como se muestra.

El Ritmo

El **ritmo** es el pulso de la música y, como los latidos del corazón, debe permanecer muy constante. Contando en voz alta y dando golpecitos con los pies nos ayuda a mantener un ritmo constante. Golpea suavemente con el pie hacia **abajo** cada número y hacia **arriba** en cada "y."

Un pulso = 1 y
↓ ↑

Notas y Silencios

Las **notas** nos dicen cuales tonos tocan (alto o bajo) dependiendo en donde aparecen en el pentagrama musical, y también nos dice que duración darles dependiendo en su forma (negra, blanca redonda, etc.). Los **silencios** indican la duración de descanso.

Nota negra = 1 pulso de sonido

Silencio de la negra = 1 pulso de silencio

2. Cuenta y toca

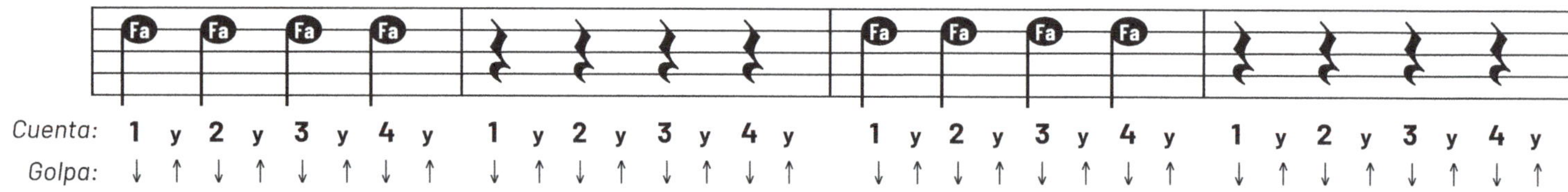

Cuenta: 1 y 2 y 3 y 4 y 1 y 2 y 3 y 4 y 1 y 2 y 3 y 4 y 1 y 2 y 3 y 4 y
Golpa: ↓ ↑ ↓ ↑ ↓ ↑ ↓ ↑ ↓ ↑ ↓ ↑ ↓ ↑ ↓ ↑ ↓ ↑ ↓ ↑ ↓ ↑ ↓ ↑ ↓ ↑ ↓ ↑ ↓ ↑ ↓ ↑

3. Una nota nueva

Busca el diagrama de las digitaciones debajo de cada nota. Esta note es Mi bemol.

Mi bemol

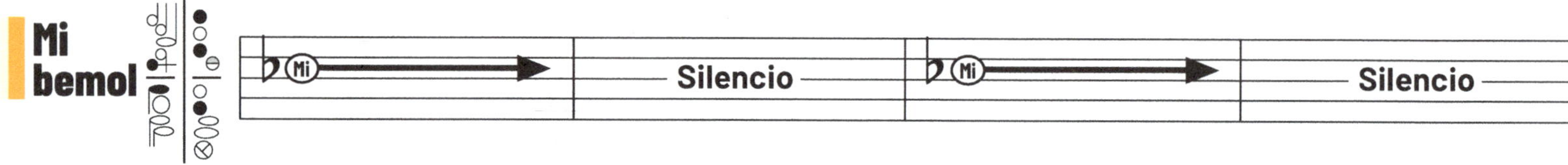

4. Dos son un equipo

Cuenta y golpea: 1 y 2 y 3 y 4 y 1 y 2 y 3 y 4 y 1 y 2 y 3 y 4 y 1 y 2 y 3 y 4 y

5. Hacia abajo

Practica tonos largos sobre cada nota nueva.

Re

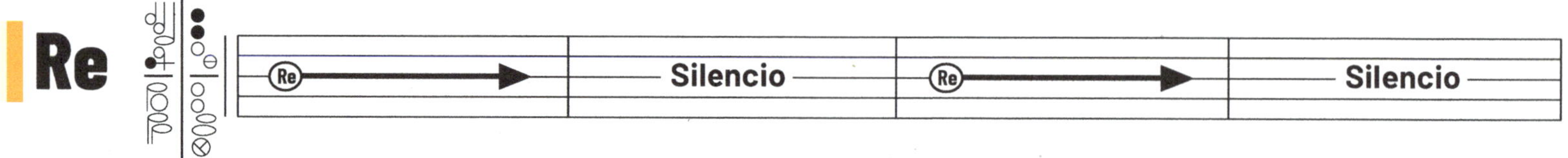

6. Avanzando hacia arriba

Cuenta y golpea: 1 y 2 y 3 y 4 y 1 y 2 y 3 y 4 y 1 y 2 y 3 y 4 y 1 y 2 y 3 y 4 y

Doble barra — Indica el final de una sección de música.

Signo de repetición — Sin parar, toca la canción una vez más desde el principio.

7. El largo plazo

Do

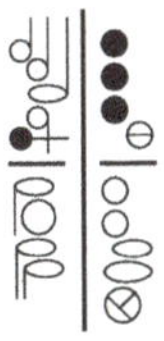

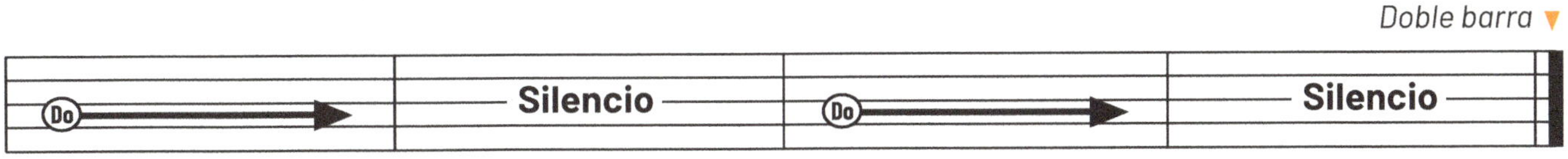

Doble barra

Do — Silencio — Do — Silencio

8. Cuatro por cuatro

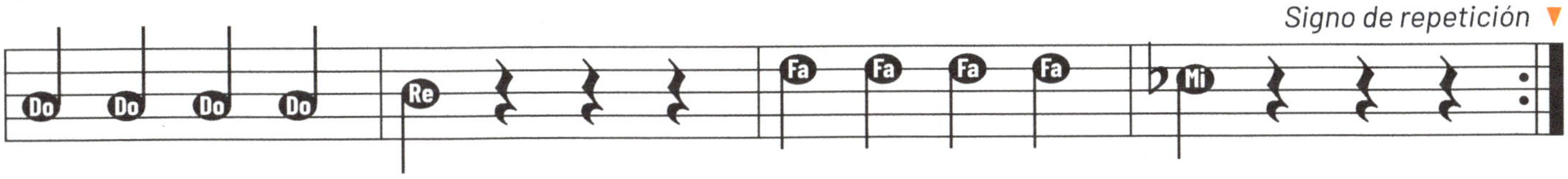

Signo de repetición

Do Do Do Do | Re | Fa Fa Fa Fa | ♭Mi

Cuenta y golpea: 1 y 2 y 3 y 4 y 1 y 2 y 3 y 4 y 1 y 2 y 3 y 4 y 1 y 2 y 3 y 4 y

9. La llegada

Si bemol

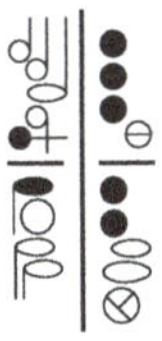

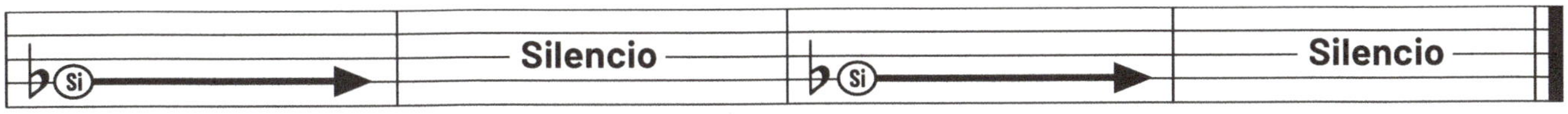

♭Si — Silencio — ♭Si — Silencio

10. Los fabulosos cincos

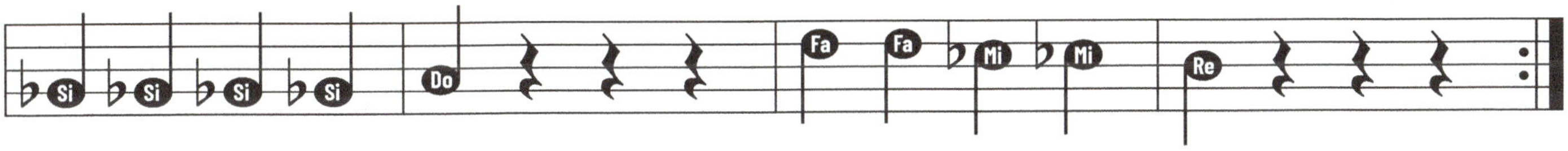

♭Si ♭Si ♭Si ♭Si | Do | Fa Fa ♭Mi ♭Mi | Re

1 y 2 y 3 y 4 y 1 y 2 y 3 y 4 y 1 y 2 y 3 y 4 y 1 y 2 y 3 y 4 y

Clave de Fa

Indica la posición de los nombres de las notas sobre el pentagrama musical. La cuarta línea del pentagrama es Fa.

Compás (Tiempo)

Parece una fracción. El número de arriba indica cuantos pulsos por compás y el número de abajo indica que tipo de nota recibe un solo pulso.

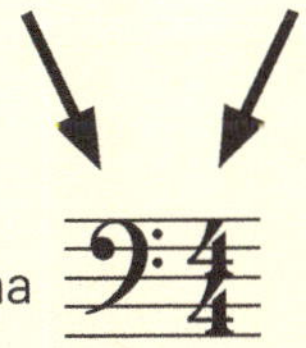

= **4 pulsos** por cada compás

= **La nota negra** recibe un solo pulso

Nombre de notas

Cada nota aparece sobre una linea o en un espacio del pentagrama. Los nombres de estas notas son indicados por la Clave de Fa.

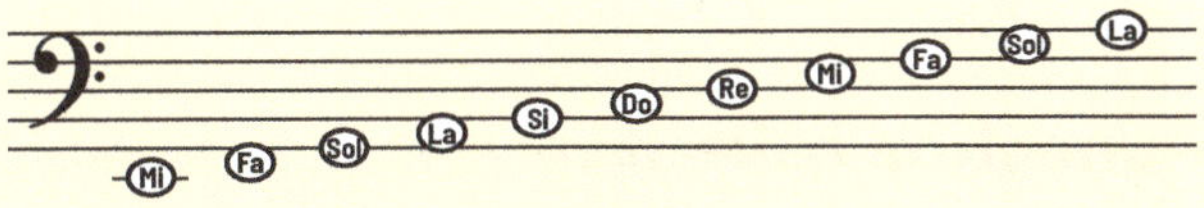

Mi Fa Sol La Si Do Re Mi Fa Sol La

Sostenido ♯ sube el tono de una nota por medio paso y su efecto dura el compás entero.

Bemol ♭ baja el tono de una nota por medio paso y su efecto dura el compás entero.

Becuadro ♮ cancela un sostenido o bemol y su efecto dura el compás entero.

TEORÍA

11. Leyendo las notas *Compare esto al ejercicio #10 (Los fabulosos cincos)*

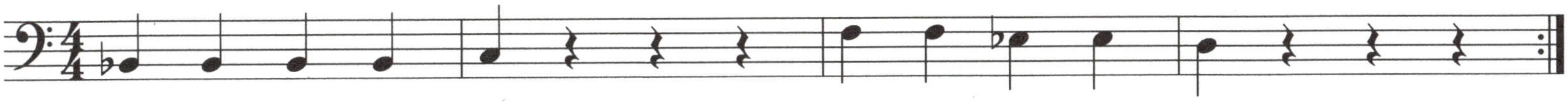

1 y 2 y 3 y 4 y 1 y 2 y 3 y 4 y 1 y 2 y 3 y 4 y 1 y 2 y 3 y 4 y

12. Primer vuelo

13. Essential Elements: Prueba *Escribe los nombres de las notas que faltan antes de empezar a tocar.*

Si♭ Do Re ___ ___ ___ ___ ___ ___ ___ ___ ___ ___ ___ ___

Notas en repaso

Memoriza la posición de los dedos (digitaciones) para las notas que has aprendido

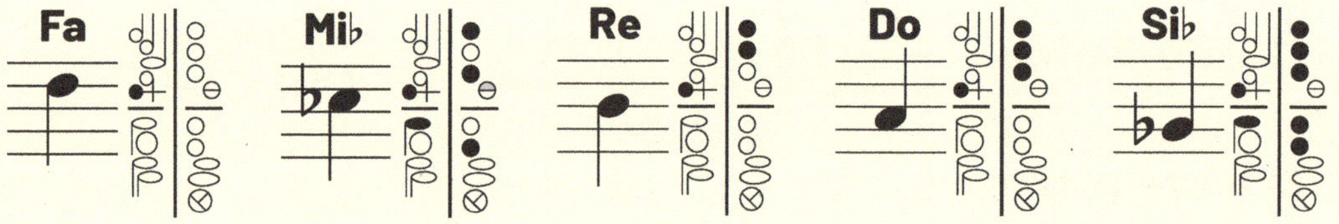

Fa · Mi♭ · Re · Do · Si♭

14. Rodando

Continúe a la próxima línea.

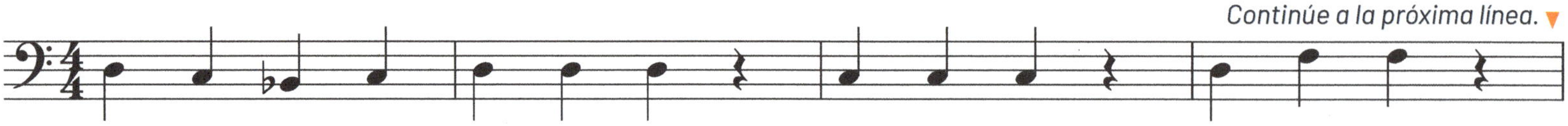

Doble barra

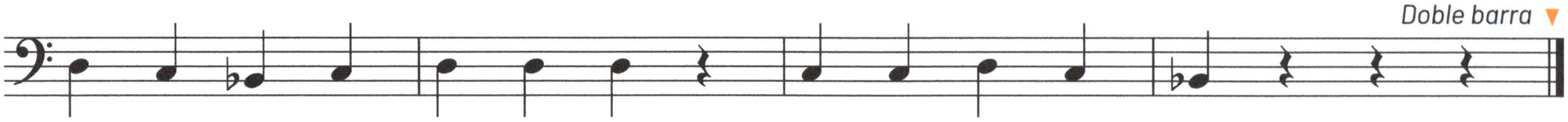

La nota blanca

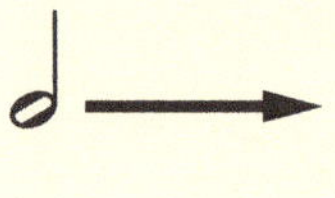

= 2 pulsos

1 y 2 y

El silencio de la blanca

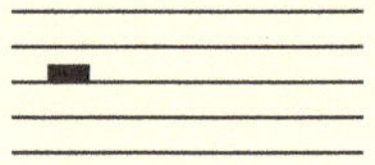

= 2 pulsos de silencio

1 y 2 y

=

15. Rap de ritmo *Tocar el ritmo con palmadas mientras contando y dando golpecitos.*

16. La blanca cuenta

17. Panecitos calientes *Revisa tu embocadura y pocisión de las manos*

Signo de respiración

Respira profundamente por la boca después de tocar una nota completa.

18. Díselo a tía Rhodie

Canción folclórica estadounidense

19. Essential Elements: Prueba *Usando los nombres de las notas y los ritmos que aparecen debajo, dibuja tus notas en el pentagrama antes de empezar a tocar.*

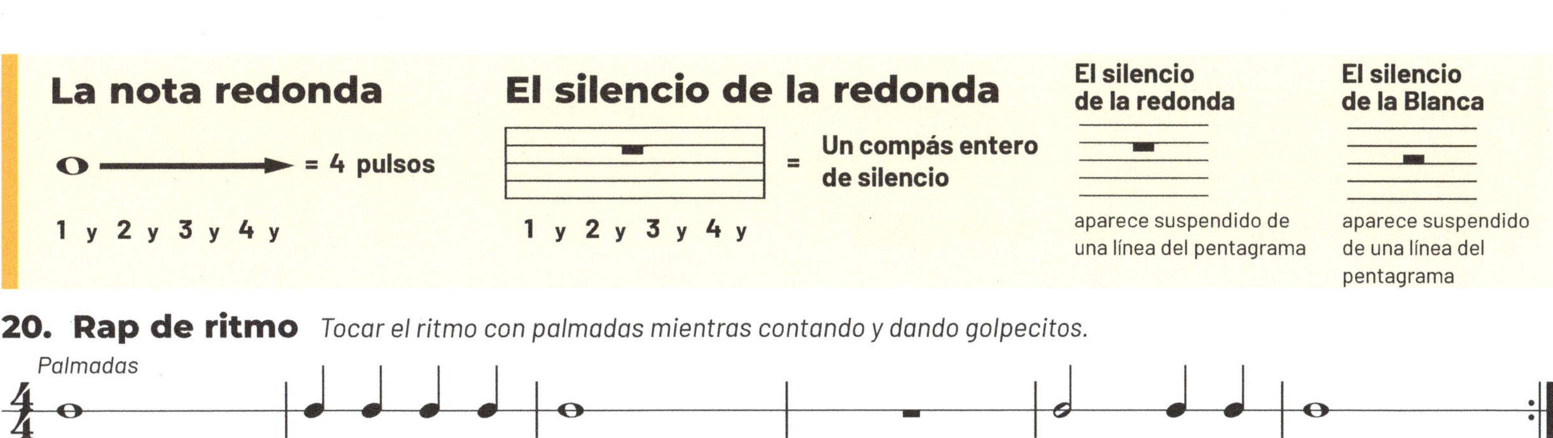

21. La redonda entera

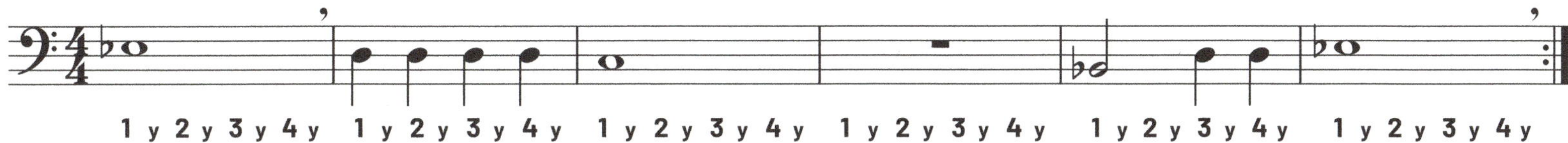

Dúo Una composición con dos tocados juntos diferentes.

22. Decisión dividida – dùo

Armadura

La **armadura** nos dice cuáles notas tocar con sostenidos (♯), o bemoles (♭) en la música. Tu armadura indica la Clave de Sí bemol (B♭) - toca todas las notas "Sí" y tambien "Mí" como bemoles (♭).

TEORÍA

23. Pasos de marcha

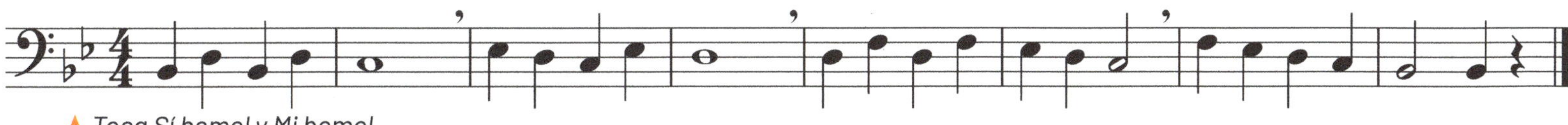

▲ *Toca Sí bemol y Mi bemol*

24. Escuchar a nuestras secciones

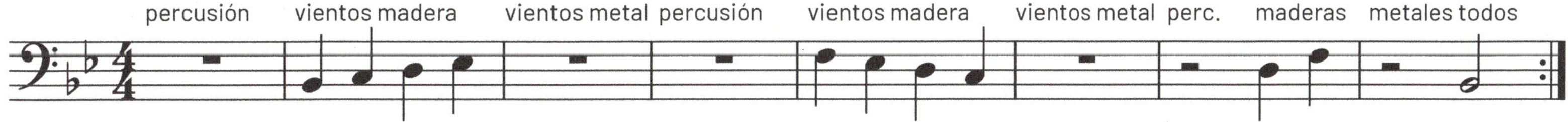

25. Suavemente rema

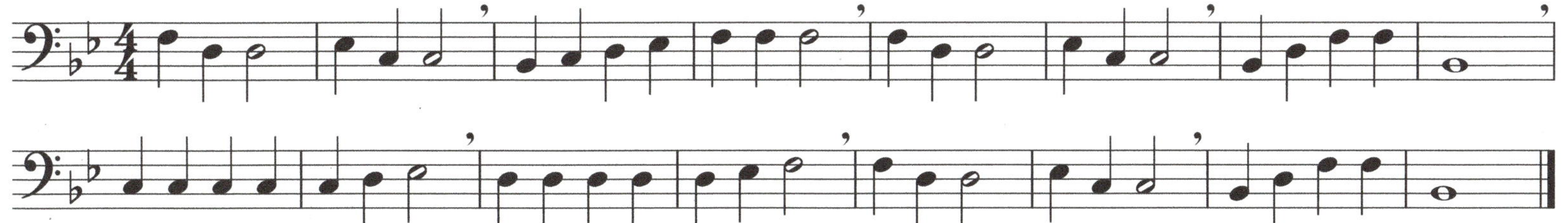

26. Essential Elements: Prueba

Dibuja las líneas que dividen cada compás antes de empezar a tocar.

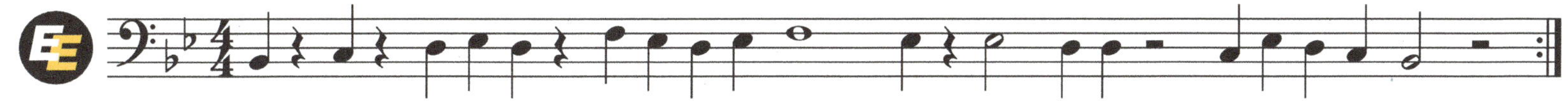

Calderón 𝄐 Sostener la nota (o silencio) por más tiempo que lo normal.

27. Llegando más alto – nota nueva

Practica tonos largos sobre cada nota nueva.

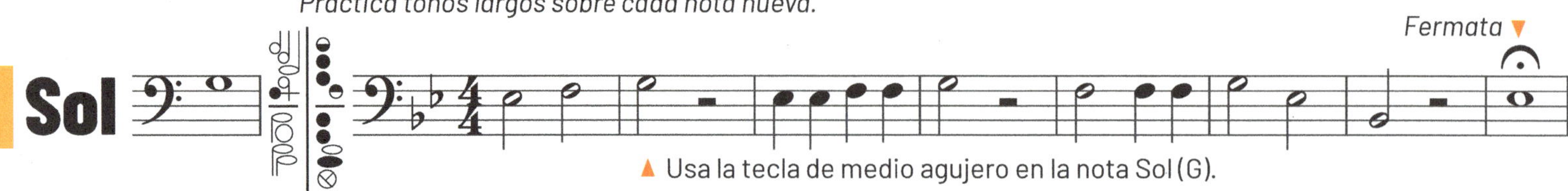

28. El claro de la luna

Canción folclórica francesa

29. Remezcla

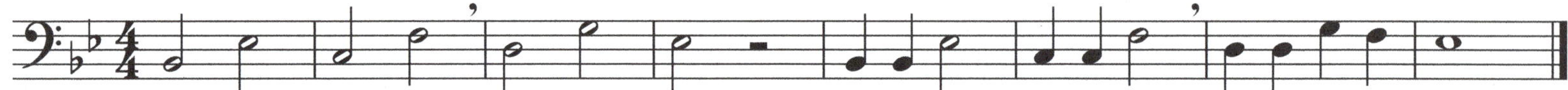

TEORÍA

Armonía Dos o más notas tocadas juntas; Cada combinación forma un *acorde*.

30. El puente de Londres – dúo

Canción folclórica inglesa

HISTORIA

Compositor Austriaco **Wolfgang Amadeus Mozart** (1756–1791) fué un niño prodigio quien empezó tocando música profesionalmente a los seis años y vivió durante el tiempo de la revolución americana. La música de Mozart es muy melódica e imaginativa. Escribió mas de 600 composiciones durante su corta vida, incluyendo una pieza para el piano basado en la famosa canción, "Twinkle, Twinkle, Little Star."

31. Una melodía de Mozart

Adaptación

32. Essential Elements: Prueba

Dibuja estos símbolos donde corresponden y escribe las notas antes de empezar a tocar:

33. Bolsillos profundos – nota nueva

34. "Doodle" todo el día

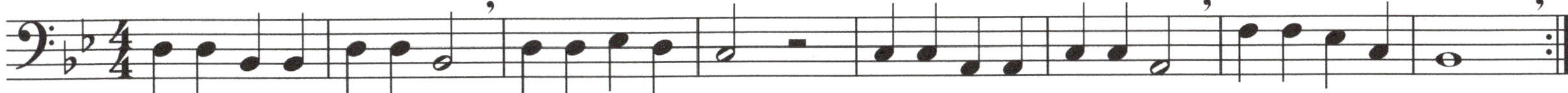

35. Brinca soga

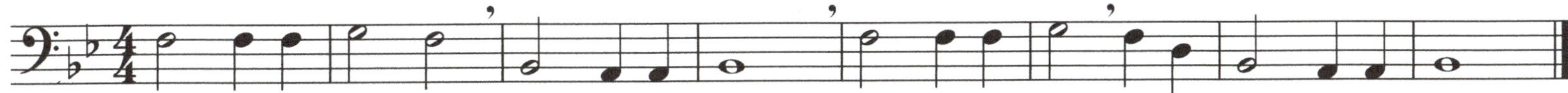

Notas preparatorias

Una o más nota(s) que vienen antes del primer compás *completo*.
Los pulsos de las notas preparatorias son removidos del último compás.

36. A-tisket, a-tasket

Indicadores de dinámicas

f - *forte* (tocar fuertemente) ***mf*** - *mezzo forte* (tocar en volumen nivel mediana)
p - *piano* (tocar suavemente)
Recuerda usar soporte de respiración completo para controlar tu tono en todos niveles dinámicas

37. Fuerte y suave

Palmadas

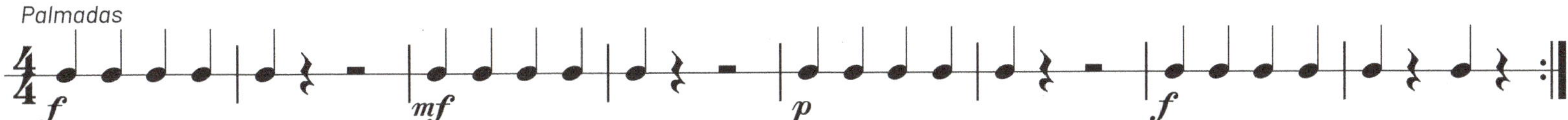

38. Cascabeles *Mantén tus dedos cerca al teclado, curveados naturalmente.*

J. S. Pierpont

39. Mi dreydl *Utilice soporte completo de respiración en cada nivel dinámica.*

Canción tradicional de Hanukkah

Notas Corcheas

Cada nota corchea= 1/2 pulso
Dos notas corcheas= 1 pulso
Tocar una nota en cada mitad del pulso (el golpe en el piso y hacia arriba)

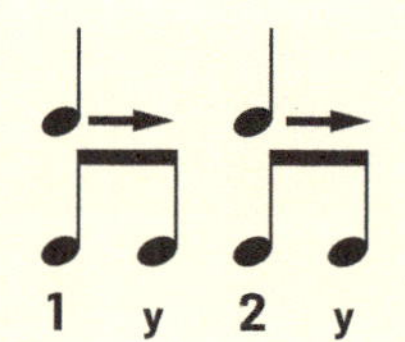

Dos o más notas corcheas son conectadas por una viga horizontal que atraviesa las plicas.

40. Rap de ritmo *Tocar el ritmo con palmadas mientras contando y dando golpecitos.*

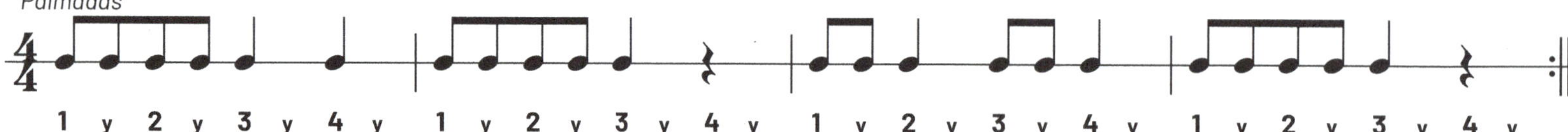

41. "Jam" de corcheas

42. Saltar hacia mi Luis

Canción folclórica estadounidense

43. Hace mucho, mucho tiempo *Una buena postura mejora tu tono. Siempre siéntate derecho/a.*

44. Rock de Montaña Caramelo

HISTORIA

Compositor Italiano **Gioacchino Rossini** (1792–1868) empezó a escribir música en su adolescencia y era muy competente tocando el piano, la viola y el corno. Rossini compuso "William Tell" a los 37 años como su último de sus 40 óperas, y su tema familiar se oye todavía en televisión y radio.

45. Essential Elements: Prueba – William Tell

Gioacchino Rossini

TEORÍA

Compás de $\frac{2}{4}$

= **2 pulsos** por cada compás
= **Nota negra** vale 1 pulso

Dirigiendo

Practica dirigir este patrón de dos pulsos

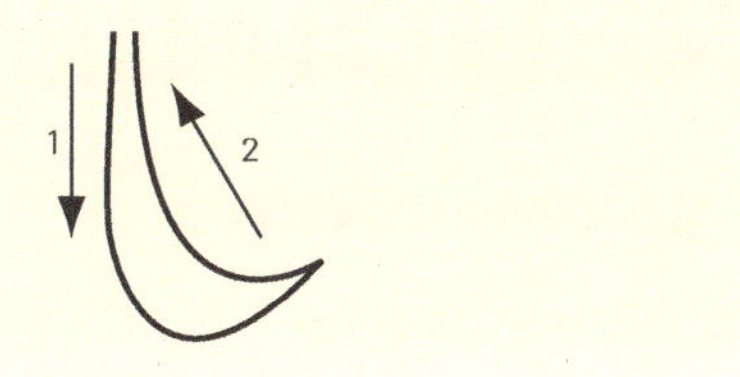

46. Ritmo rap

Palmadas

47. De dos en dos

Indicadores de tempo

"Tempo" es la velocidad de la música. Marcas de tempo generalmente se escriben sobre el pentagrama, en italiano.
Allegro – Tempo rápido **Moderato** – Tempo mediana **Andante** – Ritmo de marcha o caminar más lento

48. Marcha de cadetes secundarios

John Philip Sousa

49. ¡Oye! Nadie esta en casa

Dinámicas

Crescendo (gradualmente aumentando el volumen)

Decrescendo o ***Diminuendo*** (gradualmente reduciendo el volumen)

50. Toca las dinámicas con palmadas

Palmadas

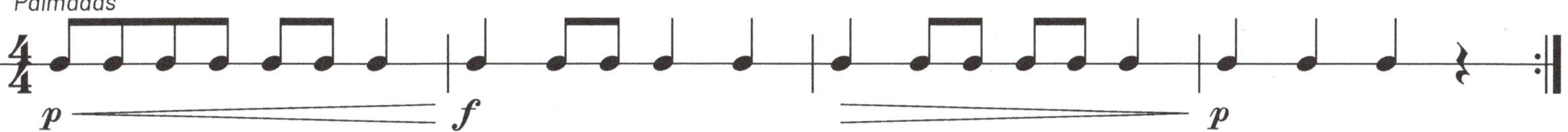

51. Toca las dinámicas

¿Buscas más música divertida para tocar? Consulte la portada interior para obtener instrucciones sobre cómo acceder a las canciones adicionales populares y recientes.

RENDIMIENTO DESCATADO

52. Calentamientos

Desarrollador de tono

Estudio de ritmo

Rap de ritmo

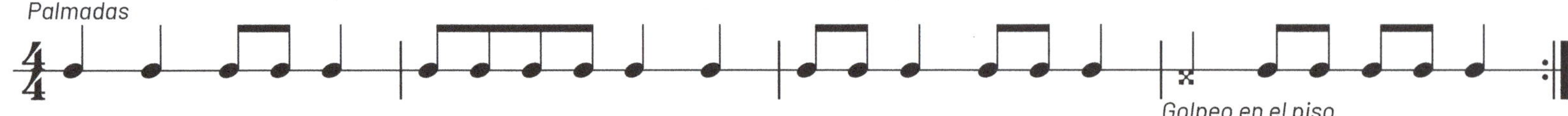

Coral

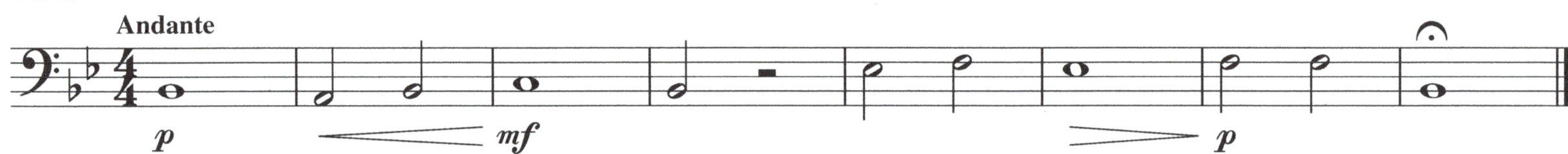

53. Aura Lee – dúo o arreglo para banda

(Parte A = melodía, Parte B = armonía)

George R. Poulton

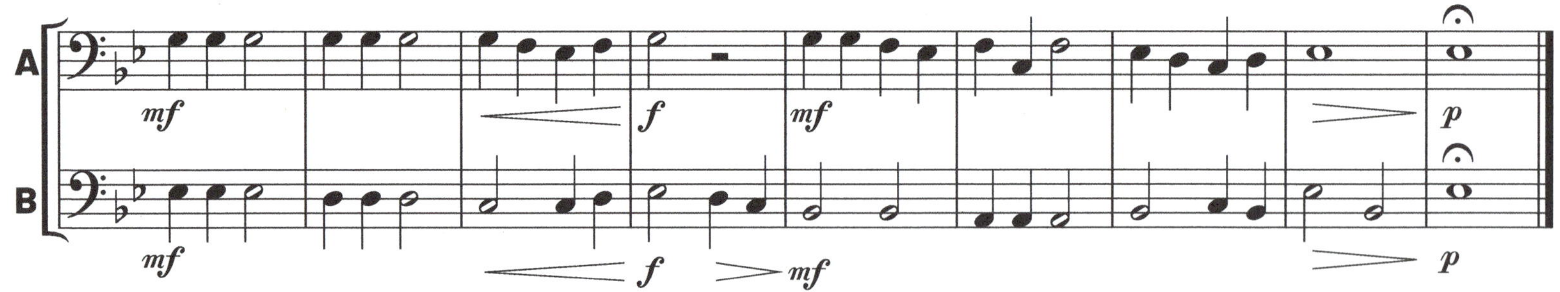

54. Frère Jacques – Canon *(Cuando el grupo A llega a ②, el grupo B comienza en ①)*

Canción folclórica francesa

RENDIMIENTO DESCATADO

Ligadura

Una línea curva que conecta notas del mismo tono.
Toca una nota durante el tiempo total de las notas.

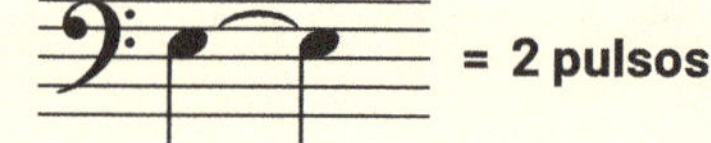

59. Listo para ser ligados

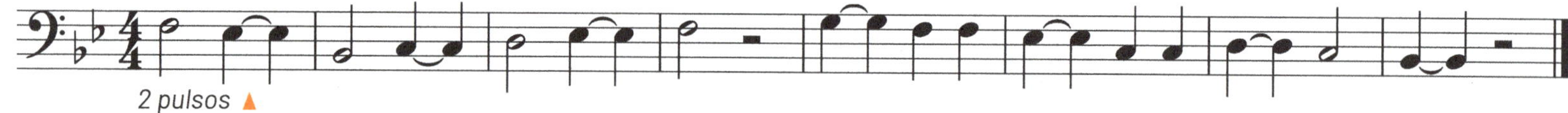

60. Alouette

Canción folclórica francocanadiense

Nota blanca con puntillo

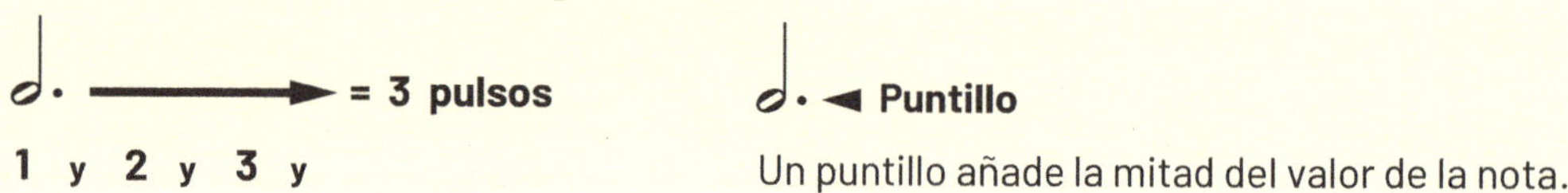

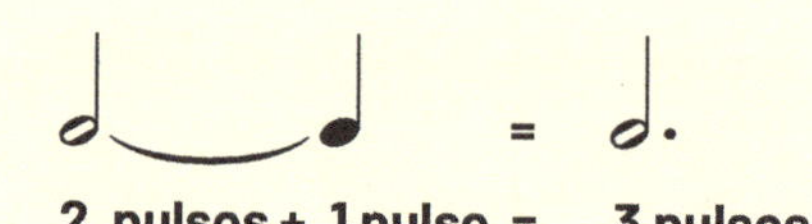

61. Alouette – la secuela

Canción folclórica francocanadiense

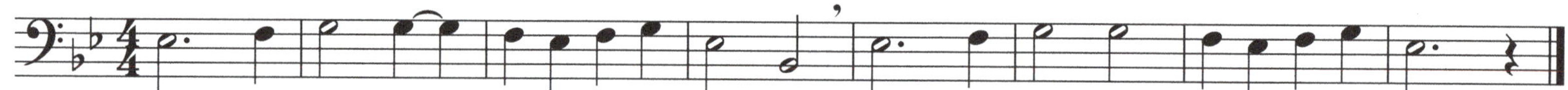

62. Está lloviendo

63. Rumbos nuevos

64. Los nobles

Siempre usa un flujo de aire completo. Mantén los dedos cerca de las teclas, curvados de manera natural.

65. Essential Elements: Prueba

3/4 Compás (Tiempo)

= **3 pulsos** por cada compás
= **Nota Negra** recibe un pulso

Dirigiendo

Practica dirigir esta patrón de 3 pulsos

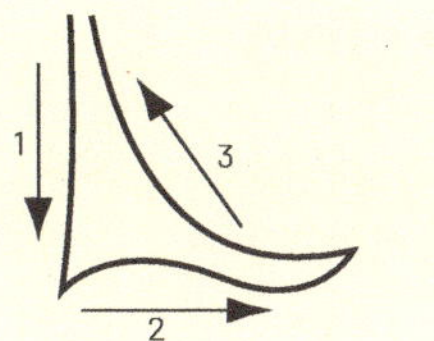

66. Ritmo rap

Palmadas

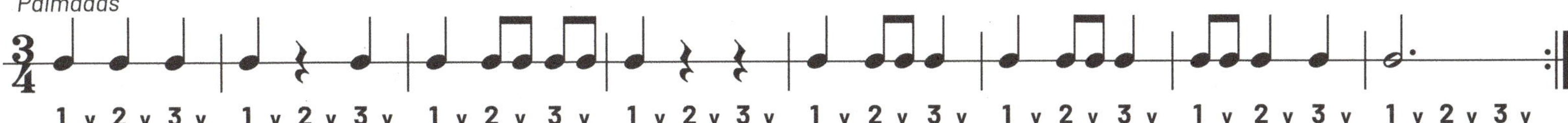

67. Jam de tres pulsos

68. Barcarolle

Jacques Offenbach

El compositor noruego **Edvard Grieg** (1843-1907) escribió *Peer Gynt Suite* para una obra de teatro de Henrik Ibsen en 1875, un año antes de que el teléfono fue inventado por Alexander Graham Bell. "Morning" es una melodía de *Peer Gynt Suite*. La música utilizada en obras de teatro o películas se denomina **música incidental**.

69. Mañana (Peer Gynt)

Edvard Grieg

Andante

Signo de acentuación

Enfatiza la nota.

70. Acentúa tu talento

Palmadas

La música latinoamericana tiene sus raíces en las culturas africana, nativa americana, española y portuguesa. Esta diversa música se caracteriza por vibrantes acompañamientos de tambores y otros instrumentos de percusión como maracas y claves. La música latinoamericana continúa influyendo la música de jazz, clásica y los estilos populares. "Chiapanecas" es una popular canción infantil de baile y juego.

71. Chiapanecas

Canción folclórica latinoamericana

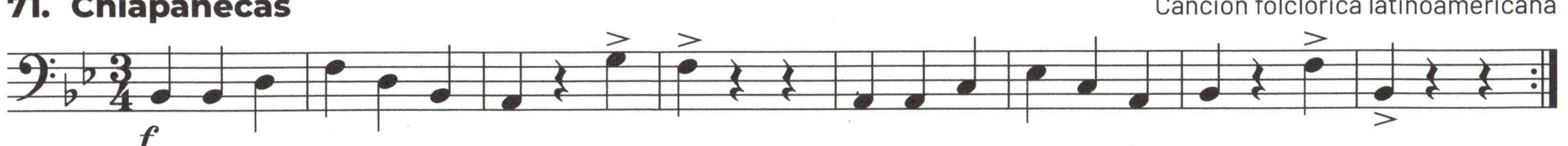

72. Creatividad Esencial

Compone tu propia música para los compases 3 y 4 utilizando este ritmo:

TEORÍA

Alteración

Cualquier signo sostenido, bemol o natural que aparece en la música sin estar en la armadura se llama una **alteración**.

Bemol ♭

Un **bemol** baja el tono de una nota por medio tono. La nota La bemol suena medio tono por debajo de La, y todas las notas La se convierten en La bemol durante el resto del compás donde aparecen.

73. Panecitos calientes – nota nueva

74. Baile cosaca

75. Blues básico – nota nueva

TEORÍA

Armadura Nueva

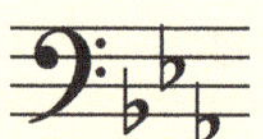

Esta Armadura indica la clave de Mi Bemol (E♭)- Toca cada Si (B), cada Mi (E) y cada La (A) como bemoles.

Primeras y Segundas Terminaciones

Toca la sección repetida hasta el final de la Primera Terminación. Repite la sección indicada, omitiendo la Primera Terminación y **saltando** a la Segunda Terminación.

76. Altos vuelos

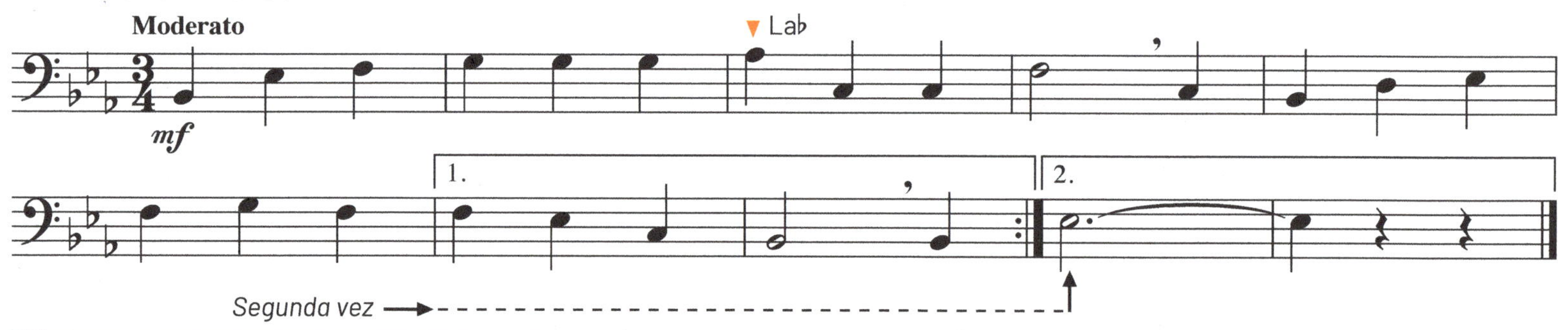

HISTORIA

La música folclórica japonesa en actualidad tiene sus orígenes en la antigua China. "Sakura, Sakura" se interpretaba con instrumentos como el **koto**,un instrumento de 13 cuerdas con más de 4000 años de antigüedad, y también con el **shakuhachi** o flauta de bambú. El sonido único de esta antigua melodía japonesa se debe a la secuencia pentatónica (o secuencia de cinco notas) utilizada en este sistema tonal.

77. Sakura, sakura – arreglo de banda

Canción folclórica japonesa
Arr. por John Higgins

78. Sobre la azotéa

79. Alegre viejo San Nicolas – dúo

Consulte la página 9 para música navideña adicional, Mi dreydl y Cascabeles.

80. La gran corriente de aire – nota nueva

Las teclas golpeadas (flicked) están marcadas en azul en tu tabla de digitaciones. Asegúrate de ver el video que introduce la técnica de 'flicking'. Consulta la parte interior de la portada para obtener información sobre cómo acceder a los videos instructivos.

81. Tema de vals (Vals de la viuda alegre)

Franz Lehar

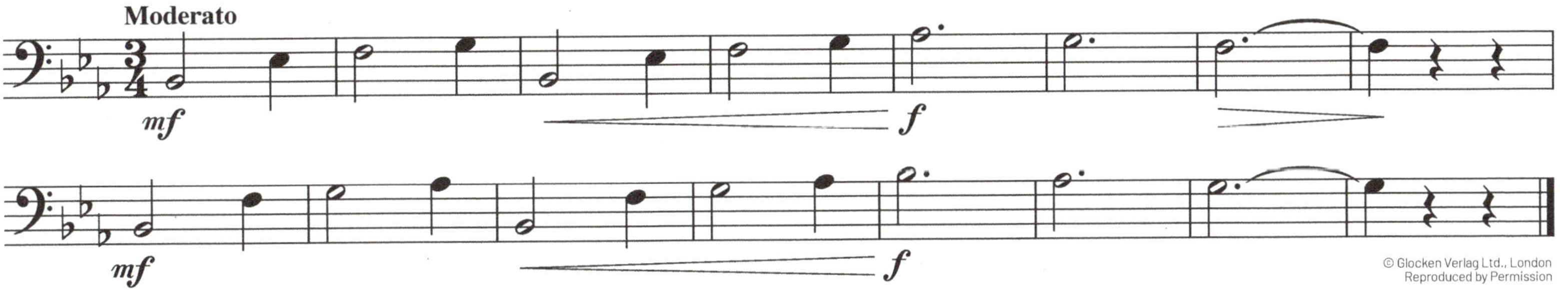

82. Tiempo de aire

83. Allá por la estación

84. Essential Elements: Prueba

85. Creatividad Esencial *Usando estas notas, improvisa tus propios ritmos:*

DESARROLLADOR DE TONO *Entrenamientos para tono y técnica*

86. Desarrollador de tono *Utilice un flujo de aire constante*

87. Desarrollador de ritmo

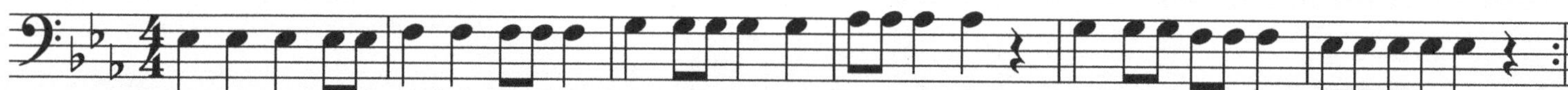

88. Ejercicios de técnica

89. Coral *adaptado de la Cantata 147*

Johann Sebastian Bach

TEORÍA

Tema y variación

Una forma musical que presenta un **tema** o melodía principal, seguido por **variaciones** o versiones alteradas del tema.

90. Variaciones sobre un tema conocido

D.C. al Fine

En el **D.C. al fine** toca de nuevo desde el principio, deteniéndose en **fine**.

D.C. es la abreviación para **Da Capo** o "al principio" y **fine** significa el final.

91. Canción del barco banana

Canción folclórica caribeña

Becuadro ♮

Un **becuadro** cancela un bemol o un sostenido y permanece en efecto durante todo el compás.

TEORÍA

92. Filo de navaja – nota nueva

▲ Mi becuadro

93. La caja de música

▲ Mi becuadro

Las canciones **espirituales afroamericanas** se originaron en los 1700's a mediados del período de la esclavitud en Estados Unidos. Una de las categorías más grandes de la auténtica música folclórica estadounidense, estas canciones, principalmente religiosas, se cantaron y se transmitieron de generación en generación sin ser escritas. La primera colección de espirituales se publicó en 1867, cuatro años después de la promulgación de la Proclamación de Emancipación.

HISTORIA

94. Ezekiel vió la rueda

Canción espiritual africana-americana

Ligadura

Una línea curva que conecta notas de diferente altura.
Articular solo la primera nota de una **ligadura**.

95. Operador hábil

▲ *Ligar 2 notas- articular solo la primera nota.*

96. Deslizando

▲ *Ligar 4 notas- articular solo la primera nota*

El ragtime es un estilo musical norteamericano popular desde la década de 1890 hasta la primera guerra mundial. Esta forma temprana de jazz dio fama a pianistas como "Jelly Roll" Morton y Scott Joplin, autores de "The Entertainer" y "Maple Leaf Rag". Sorprendentemente, el estilo se incorporó a algunas obras orquestales de Igor Stravinsky y Claude Debussy. Los trombones ahora aprenden a tocar el *glissando*, una técnica utilizada en el ragtime y otros estilos musicales.

97. Rag de trombón

98. Essential Elements: Prueba

99. Tomar la delantera – nota nueva

TEORÍA

Frase

Una "oración" musical que comúnmente tiene 2 o 4 compases.
Trata de tocar una **frase** completa con una sola respiración.

100. El viento frío

101. Fraseología

Escribe los signos de respiración (,) entre las frases.

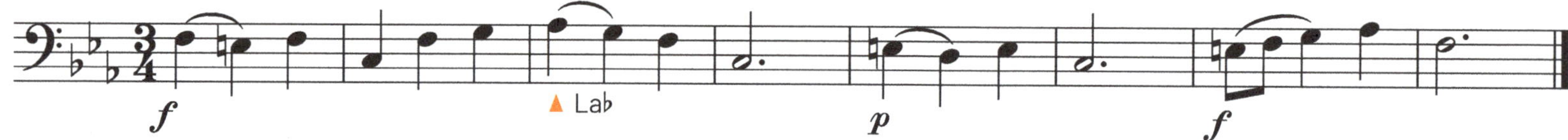

TEORÍA

Armadura nueva

Esta **Armadura** indica la Clave de Fa (F). Tocar cada Si (B) como bemol (B♭)

Silencios de compases multiples

El número sobre en pentagrama indica cuantos compases completos requieren silencio. Contar cada compás de silencio en secuencia:

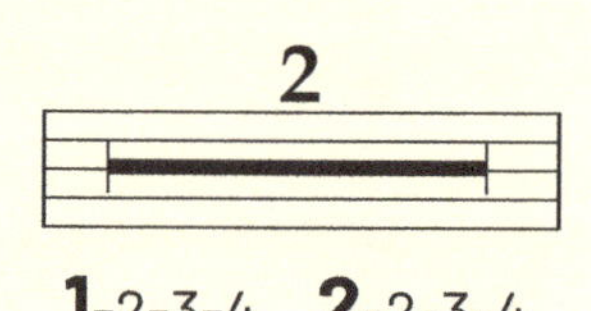

102. Latin Satinado

HISTORIA

El compositor alemán **Johann Sebastian Bach** (1685–1750) fue parte de una gran familia de músicos famosos y se convirtió en el compositor más reconocido de la época barroca. Comenzando como miembro del coro, Bach pronto se convirtió en organista, profesor y compositor prolífico, que escribió más de 600 *obras* maestras. Este Minueto, o danza en compás de 3/4, fue escrita como una pieza didáctica para su uso con una forma temprana del piano.

103. Minuet – dúo

Johann Sebastian Bach

104. Creatividad Esencial

Esta melodía se puede tocar en 3/4 o 4/4. Dibuja a lápiz cualquiera de las dos compases, dibuja las líneas divisorias y toca la canción. Ahora borra las líneas divisorias y prueba con el otro compás. ¿Suenan diferentes las frases?

105. Naturalmente

El compositor austriaco **Franz Peter Schubert** (1797–1828) vivió una vida más corta que cualquier otro gran compositor, pero creó una increíble cantidad de música: más de 600 canciones artísticas (música de concierto para voz y acompañamiento), diez sinfonías, música de cámara, óperas, obras corales y piezas para piano. Su "Marcha militar" fue originalmente un dúo de piano.

HISTORIA

106. Marcha militar

Franz Schubert

107. La zona plana – nota nueva

Re bemol

108. Encima de viejo Smokey

Canción folclórica estadounidense

El boogie-woogie es un estilo de **blues**, y fue grabado por primera vez por el pianista Clarence "Pine Top" Smith en 1928, un año después del vuelo en solitario de Charles Lindbergh a través del Atlántico. La música blues, como una forma de jazz, presenta notas alteradas y generalmente se escribe en versos de 12 compases, como "Boogie del bajo de abajo".

HISTORIA

109. Boogie del bajo de abajo – dúo

Notas negras con puntillo y corcheas
1 y 2 y
= 2 pulsos
Un **punto** añade la mitad del valor de la negra.
1 y 2 y
Una sola **corchea** tiene una **bandera** en la plica.
110. Rap de ritmo
Palmadas
1 y 2 y 3 y 4 y 1 y 2 y 3 y 4 y 1 y 2 y 3 y 4 y 1 y 2 y 3 y 4 y
111. El punto siempre cuenta
1 y 2 y 3 y 4 y 1 y 2 y 3 y 4 y 1 y 2 y 3 y 4 y 1 y 2 y 3 y 4 y
112. Toda la noche
mf
Fine
p
D.C. al Fine
113. Chabolas de mar
Utiliza siempre la corriente de aire completa.
Canción folclórica inglesa
Moderato
f
mf
f
114. La feria de Scarborough
Canción folclórica inglesa
Andante
mf
f
mf
p
115. Rap de ritmo
Palmadas
1 y 2 y 3 y 4 y 1 y 2 y 3 y 4 y 1 y 2 y 3 y 4 y 1 y 2 y 3 y 4 y
116. El cambio de rumbo
1 y 2 y 3 y 4 y 1 y 2 y 3 y 4 y 1 y 2 y 3 y 4 y 1 y 2 y 3 y 4 y
117. Essential Elements: Prueba – Auld lang syne
Canción folclórica escocesa
Andante
mf
f
Revisa el ritmo

RENDIMIENTO DESTACADO

Solo con Acompañamiento de Piano

Puedes realizar este solo con o sin un pianista acompañante. Tócalo para la banda, la escuela o tu familia. Este pasaje forma parte de la **Sinfonía #9 ("Del Mundo Nuevo")** del compositor checo **Antonin Dvorák** (1841-1904). Él escribió la obra mientras visitaba Estados Unidos en 1893, y se inspiró para incluir melodías de canciones folclóricas y espirituales estadounidenses. Este es el tema Largo (o "tempo muy lento").

118. Tema de "Sinfonía del nuevo mundo"

Antonin Dvorák

Los grandes músicos animan a sus compañeros intérpretes. En esta página, los clarinetistas aprenden el registro superior de sus instrumentos en los "Saltos de gorila granadilla" (llamado así por la madera de granadilla utilizada para hacer clarinetes). Los músicos de instrumentos metales aprenden las ligaduras de labios, un nuevo patrón de calentamiento. El éxito de tu banda depende del esfuerzo y el estímulo de todos.

119. Salto de gorila granadilla n.° 1

120. Saltando arriba y abajo

121. Salto de gorila granadilla n.° 2

122. Saltando con alegría

123. Salto de gorila granadilla n.° 3

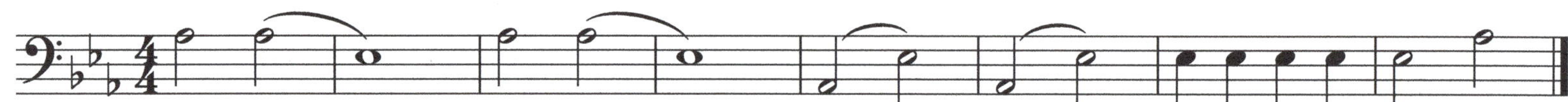

124. Saltos de tijera

TEORÍA

Intervalo

La distancia entre dos tonos es un **intervalo**. Comenzando con "1" en la nota más baja, cuenta cada línea y espacio entre las notas. El número de la nota más alta es la distancia del intervalo.

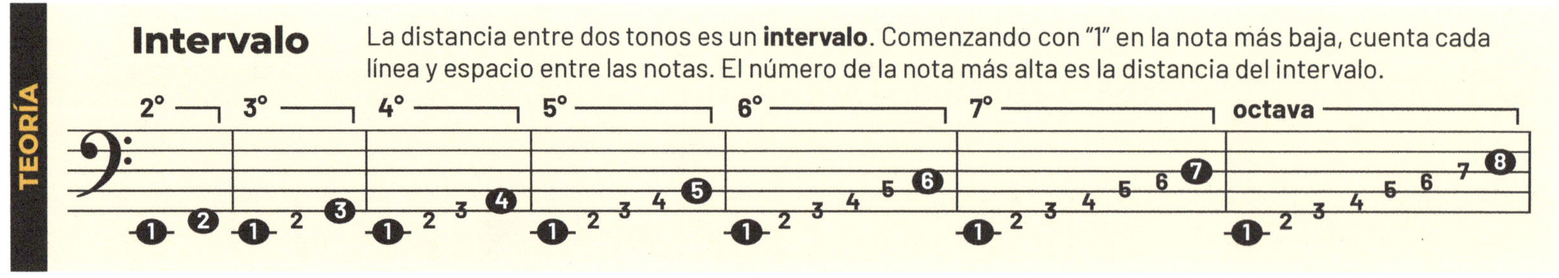

125. Essential Elements: Prueba

Escribe los números de los intervalos, contando hacia arriba desde las notas más bajas.

Canciones adicionales están disponibles en línea. Consulte la portada interior para obtener más detalles.

126. Salto de gorila granadilla n.° 4

127. Tres es la cuenta

128. Salto de gorila granadilla n.° 5

129. Ejercicios de técnica

130. Cruzando – nota nueva

Do

Trío Un **trío** es una composición con tres partes tocadas juntas.
Practica este trío con otros dos músicos y escucha la armonía a 3 voces.

131. Kum bah yah – trío *Compruebe siempre la armadura*

Canción folclórica africana

Signos de Repetición

Repite la sección de música encerrada por los **signos de repetición**. (Si se usan terminaciones 1ª y 2ª, se tocan como de costumbre, pero se vuelve a la primera señal de repetición, no al principio).

132. Michael rema el bote hasta la orilla

Canción folclórica africana

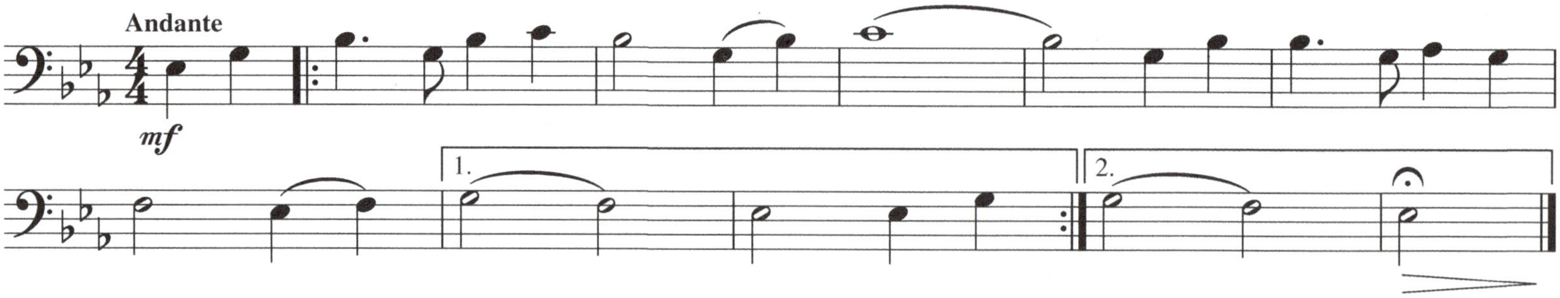

Andante

mf

1. 2.

133. Vals austríaco

Canción folclórica austriaco

Moderato

f

134. Bahía botánica

Canción folclórica australiano

Allegro

mf *f* *mf*

TEORÍA

C Compás

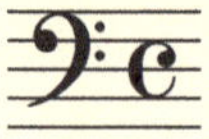

C = **Tiempo común** (igual a 4/4)

Dirigiendo

Practica dirigir este patrón de cuatro pulsos

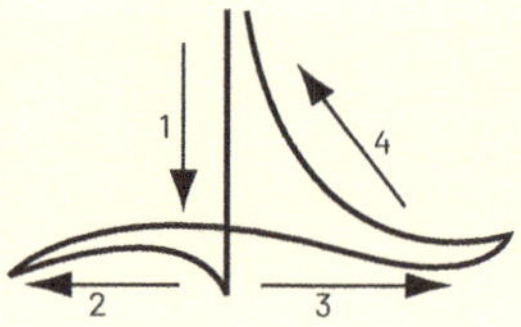

1 2 3 4

135. Ejercicios de técnica *Practica este ejercicio en todos los niveles dinámicos.*

136. Finlandia

Jean Sibelius

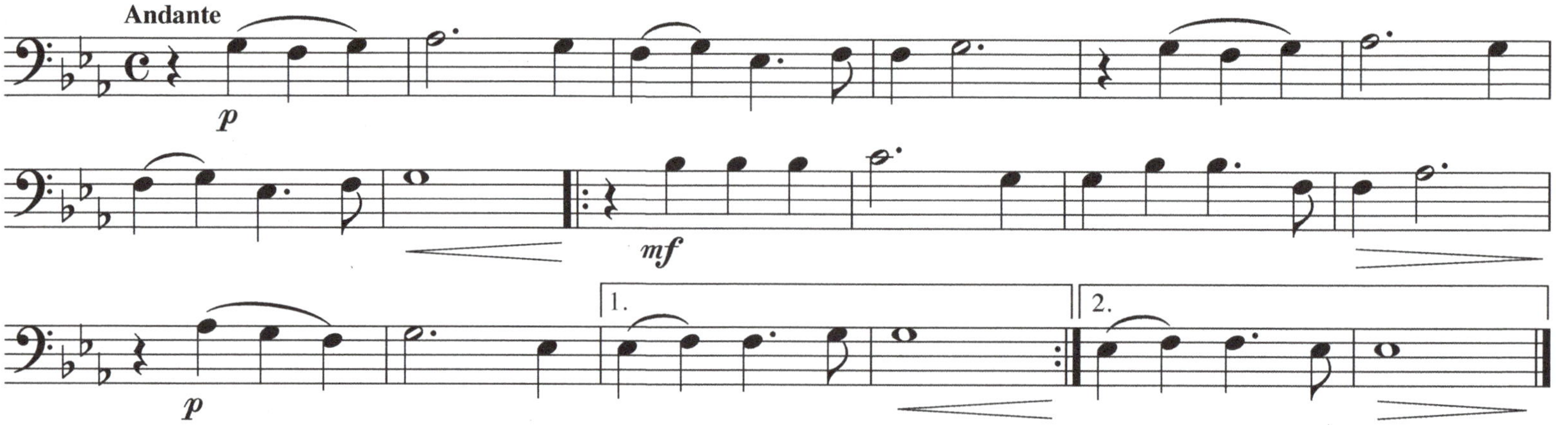

Andante

p *mf* *p*

1. 2.

137. Creatividad Esencial

Crea tus propias variaciones dibujando un punto y una bandera para cambiar el ritmo de cualquier compás de ♩ ♩ *a* ♩. ♪

138. Saltos fáciles de gorila

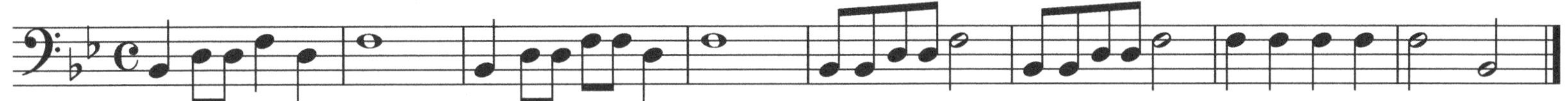

139. Ejercicios de técnica *Compruebe siempre la armadura.*

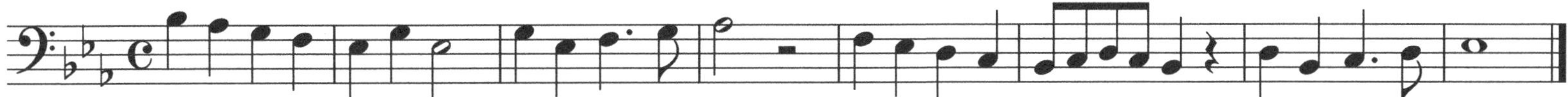

140. Otro ejercicio de técnica

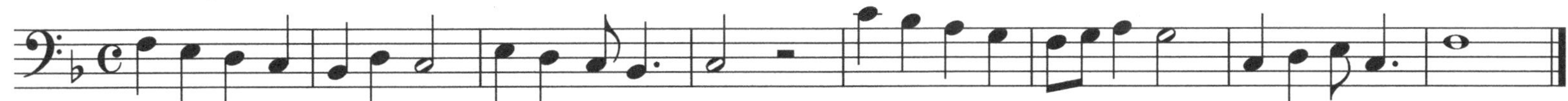

141. Canción alemana folclórica

142. Cuando los santos vuelven a marchar James Black y Katherine Purvis

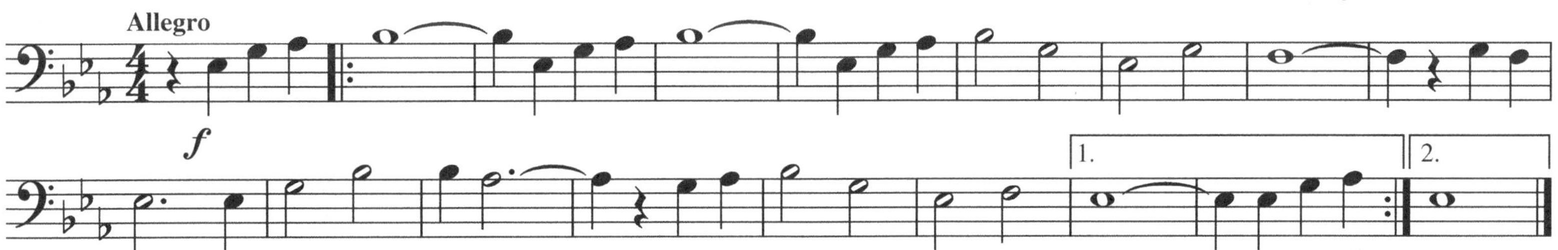

143. Paseo de los gorila de tierra-baja

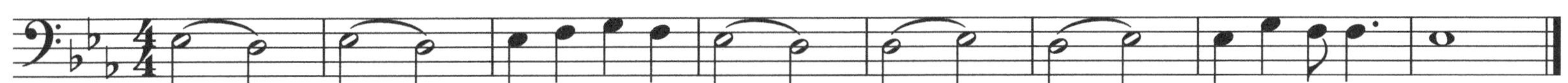

144. Navegación tranquila

145. Más saltos de gorila

146. Cobertura total

TEORÍA

Escala

Una **escala** es una secuencia de notas en orden ascendente o descendente. Como una "escalera" musical, cada escala de paso es la siguiente nota consecutiva en la tonalidad. Esta escala está en tu clave de Si bemol (B♭), usando dos bemoles. La dos notas mas superior e inferior son ambas Si bemoles. El intervalo entre las dos es de una octava.

147. Escala de Si bemol

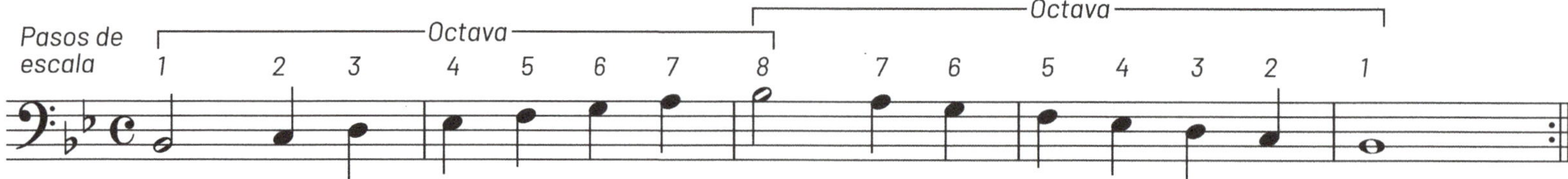

TEORÍA

Acorde y Arpegios

Cuando dos o más notas se tocan juntas, forman un acorde o armonía. Este acorde de Si bemol se construye a partir de los pasos 1º, 3º y 5º de la escala de Si bemol (B♭). El octavo paso es el mismo que el 1º, pero es una octava más alta. Un arpegio es un acorde "fragmentado" cuyas notas se tocan individualmente.

148. En armonía

Divida las notas de los acordes entre los miembros de la banda y tóquenlos juntos. ¿Suena el arpegio como un acorde?

149. Escala y arpegio

HISTORIA

El compositor austriaco **Franz Josef Haydn** (1732-1809) escribió 104 sinfonías. Muchas de estas obras tenían apodos e incluían efectos brillantes y únicos para su época. *Su sinfonía N.º 94* fue llamada "La sinfonía sorpresa" porque el suave segundo movimiento incluía una dinámica repentina y fuerte, destinada a despertar a un público a menudo adormecido. Presta atención especial a la dinámica cuando toques este famoso tema.

150. Tema de la Sinfonía sorpresa

Franz Josef Haydn

151. Essential Elements: Prueba – Las calles de Laredo

Canción folclórica estadounidense

Escribe los nombres de las notas antes de tocar

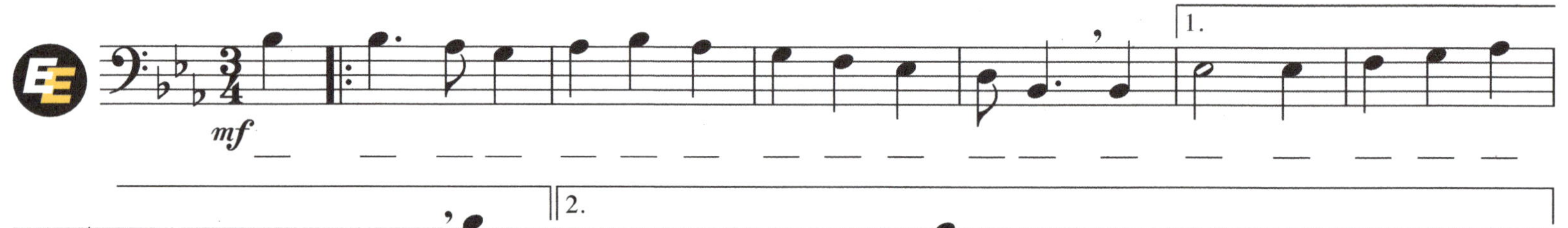

RENDIMIENTO DESCATADO

152. Espíritu escolar – arreglo de banda

W.T. Purdy
Arr. por John Higgins

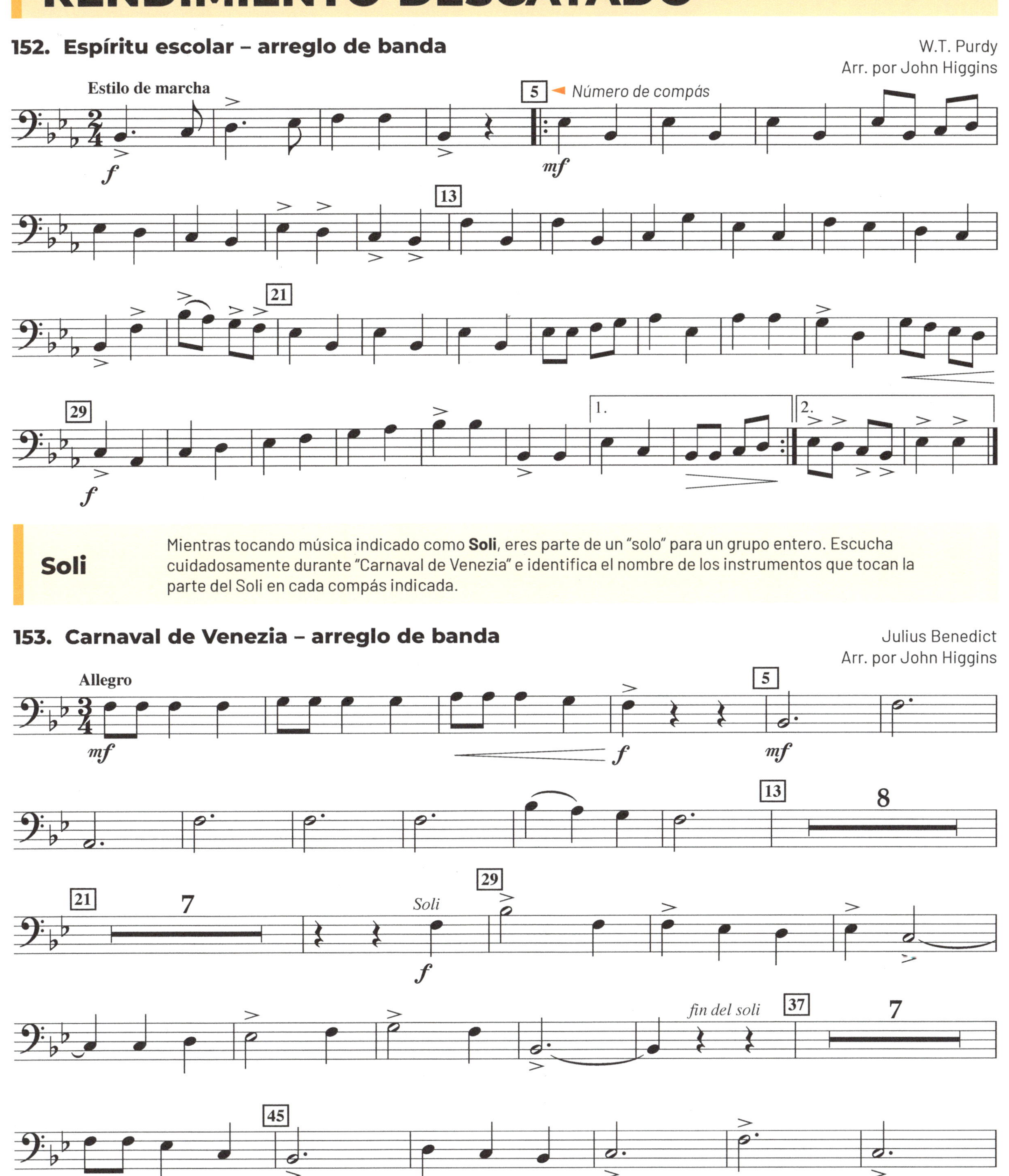

Soli

Mientras tocando música indicado como **Soli**, eres parte de un "solo" para un grupo entero. Escucha cuidadosamente durante "Carnaval de Venezia" e identifica el nombre de los instrumentos que tocan la parte del Soli en cada compás indicada.

153. Carnaval de Venezia – arreglo de banda

Julius Benedict
Arr. por John Higgins

CALENTAMIENTOS DIARIOS *EJERCICIOS PARA TONO Y TÉCNICA*

154. Desarrollador de registro y flexibilidad

155. Ejercicios de técnica

156. Coral

Johann Sebastian Bach

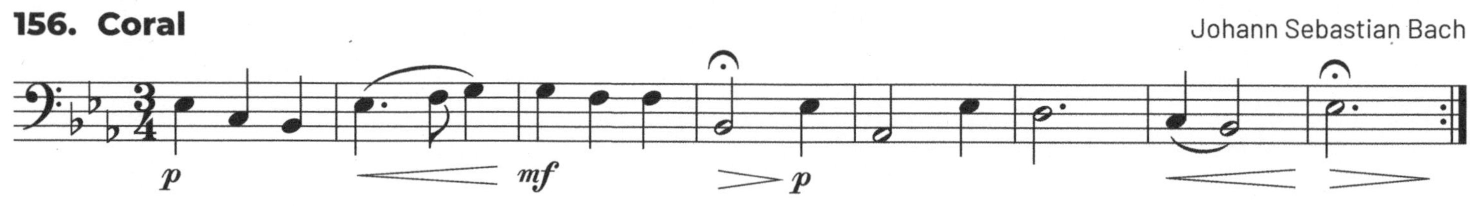

HISTORIA

La melodía tradicional hebrea "Hatikvah" ha sido el himno nacional de Israel desde el inicio de la nación. En la declaración de estado de 1948, fue cantada por la asamblea reunida durante la ceremonia de apertura y fue interpretada por miembros de la Orquesta Sinfónica de Palestina al concluir.

157. Hatikvah

Himno nacional israelí

Nota corchea y silencio de corchea

♪ = 1/2 pulso de sonido

𝄾 = 1/2 pulso de silencio

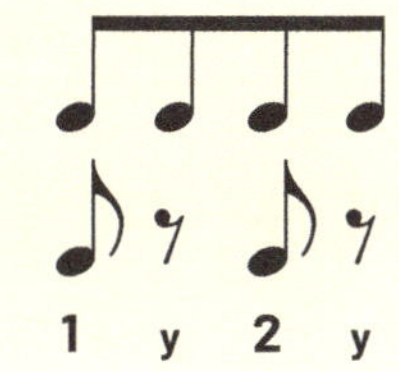

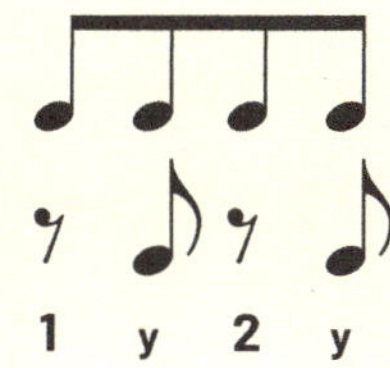

158. Rap de ritmo

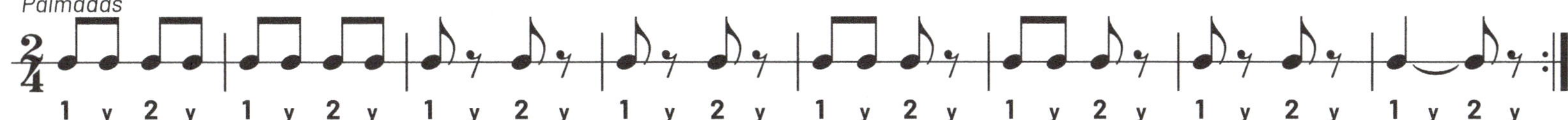

159. Marcha de corcheas

160. Minuet

Johann Sebastian Bach

161. Rap de ritmo

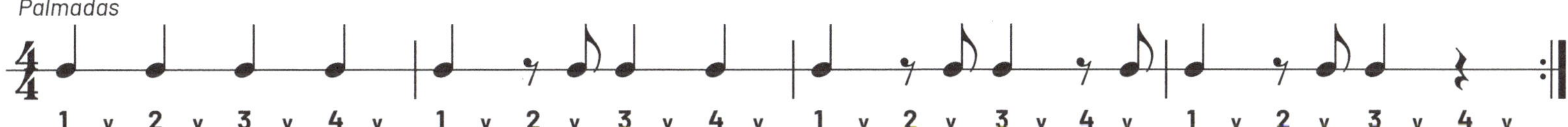

162. Corcheas después del pulso

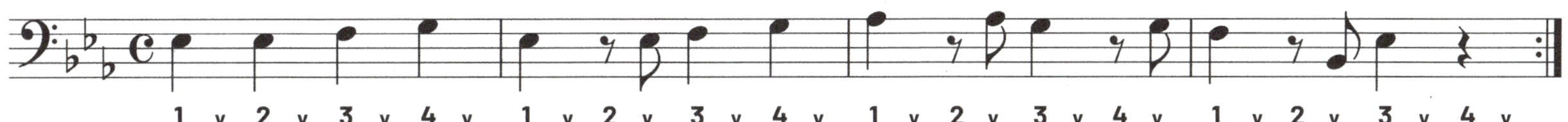

163. Corcheas revueltas

164. Essential Elements: Prueba

165. Melodía de baile – nota nueva

HISTORIA

El compositor y director de orquesta estadounidense **John Phillip Sousa** (1854-1892) escribió 136 marchas. Conocido como "El rey de la marcha". Sousa escribió *The Stars and Stripes Forever, Semper Fidelis, The Washington Post* y muchas otras obras patrióticas. La banda de Sousa tocó en todo el país, y su fama ayudó aumentar la popularidad de las bandas en Estados Unidos. Aquí hay una melodía de su famosa opereta y marcha *El capitán*:

166. El capitán

John Philip Sousa

HISTORIA

O Canadá, anteriormente conocido como "la canción nacional", se representó por primera vez en el año 1880 en el Canadá Francés. Robert Stanley Weir tradujo la versión ingles en el año 1908, pero la canción no fue adoptada como el himno nacional de Canadá hasta el año 1980, cien años después de su estreno.

167. O Canadá

Calixa Lavallee,
l'Hon. Judge Routhier y Justice R.S. Weir

168. Essential Elements: Prueba – Meter mania

Contar y pamadas antes de tocar. ¿Puedes dirigir esto?

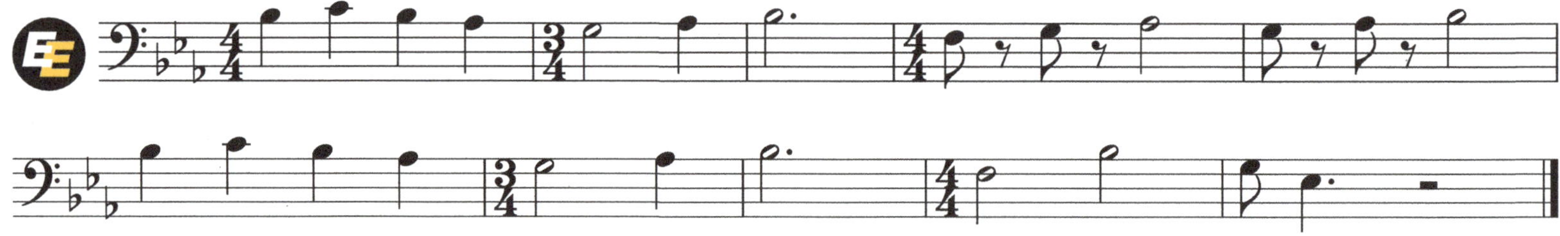

Enarmónicos

Dos notas que están escritas de manera diferente, pero suenan igual (y tocadas con la misma digitación) se llaman **enarmónicas**. La tabla de digitación de las páginas 46 y 47 muestra las digitaciones de las notas enarmónicas de tu instrumento.

En el teclado de un piano, cada tecla negra es a la vez un bemol y un sostenido.

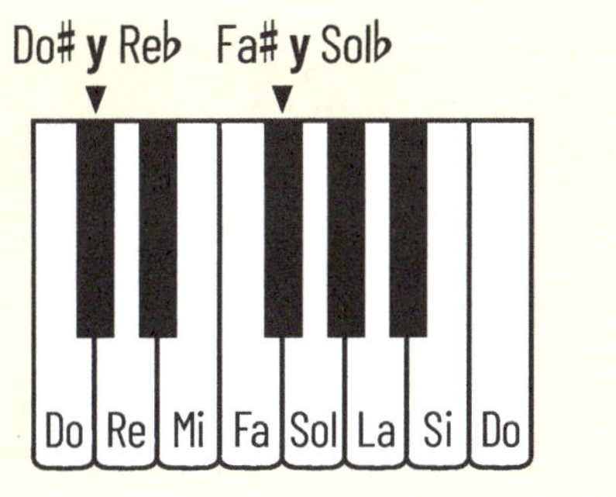

TEORÍA

169. Encantador de serpientes

Las notas enarmónicas usan la misma digitación.

Sol bemol
Fa sostenido

170. Sombras oscuras

171. Encuentros cercanos

Las notas enarmónicas usan la misma digitación.

Re bemol
Do sostenido

172. March slav

Peter Ilyich Tchaikovsky

173. Notas disfrazadas

Notas cromáticas

Las **notas cromáticas** se alteran con sostenidos, bemoles y signos naturales que no están en la armadura. La distancia más pequeña entre dos notas es un semitono, y una escala formada por semitonos consecutivos se denomina **escala cromática**.

TEORÍA

174. Paseando en medio-pasos

HISTORIA

El compositor francés **Camille Saint-Saëns** (1835-1921) escribió música para prácticamente todos los medios: óperas, suites, sinfonías y obras de cámara. La "Danza egipcia" es uno de los temas principales de su famosa ópera *Sansón y Dalila*. La ópera fue escrita el mismo año en que Thomas Edison inventó el fonógrafo, 1877.

175. Danza egipcia *Esté atento a los enarmónicos.*

Camille Saint-Saëns

Allegro

mf

176. Barco de luna plata

Canción folclórica

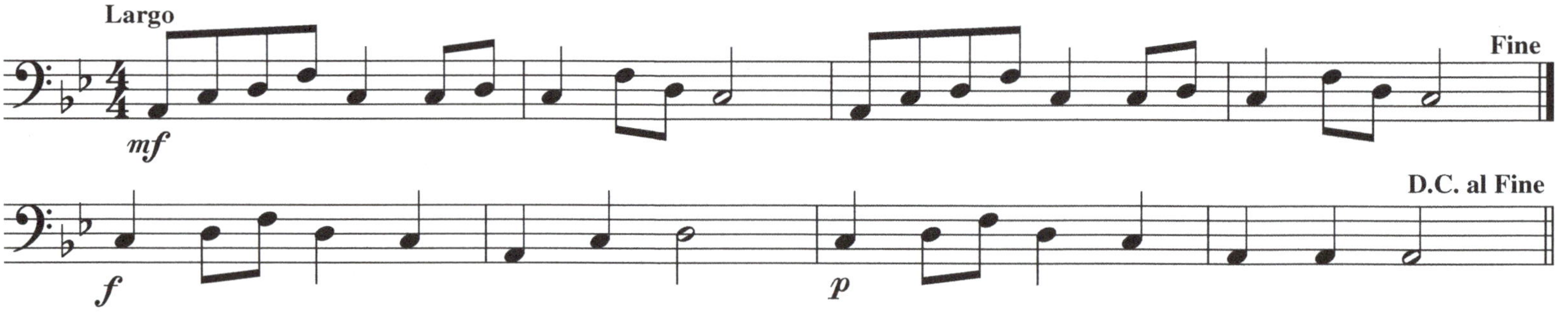

Largo

mf

Fine

f

p

D.C. al Fine

HISTORIA

El compositor alemán **Ludwig van Beethoven** (1770-1827) es considerado uno de los más grandes compositores del mundo, a pesar de quedar completamente sordo en 1802. Aunque no podía escuchar su música de la manera en que nosotros podemos, podía "escucharla" en su mente. Como testimonio de su grandeza, su Sinfonía n.º 9 (p. 13) se interpretó como final de la ceremonia que celebró la reunificación de Alemania en 1990. Este es el tema de su Sinfonía n.º 7, segundo movimiento.

177. Tema de la Sinfonía n.° 7 – dúo

Ludwig van Beethoven

Allegro (moderatamente rápido)

A

B

p

p

9

mf

mf

1.

2.

El compositor ruso **Peter Ilyich Tchaikovsky** (1840-1893) escribió seis sinfonías y cientos de otras obras, entre ellas el ballet *El Cascanueces*. Fue un maestro en la composición de brillantes arreglos de música folclórica, y sus melodías originales se encuentran entre las más populares de todos los tiempos. Su *Obertura de 1812* y *Capriccio Italien* fueron escritas en 1880, un año después de que Thomas Edison desarrollara la bombilla eléctrica.

HISTORIA

178. Capriccio italien *Comprube siempre la armadura.*

Peter Ilyich Tchaikovsky

181. Essential Elements: Prueba – competencia de contar escalas

Canciones adicionales están disponibles en línea. Consulte la portada interior para obtener más detalles.

RENDIMIENTO DESCATADO

182. America la bella – arreglo de banda

Samuel A. Ward
Arr. por John Higgins

183. La cucaracha – arreglo de banda

Canción folclórica latinoamericana
Arr. por John Higgins

RENDIMIENTO DESCATADO

184. Tema de la Obertura de 1812 – arreglo de banda

Peter Ilyich Tchaikovsky
Arr. por John Higgins

RENDIMIENTO DESCATADO

Solo con Acompañamiento de piano

Actuar frente a una audiencia es una parte emocionante de participar en la música. Este solo está basado en la *Sinfonía n.º 1* del compositor alemán **Johannes Brahms** (1833-1897). Él completó su primera sinfonía en 1876, el mismo año en que Alexander Graham Bell inventó el teléfono. Tú y un acompañante al piano pueden interpretarlo para la banda o en otros eventos escolares y comunitarios.

185. Tema de la Sinfonía n.° 1 – Solo *(Versión en Mi♭)*

Johannes Brahms
Arr. por John Higgins

DÚOS

Esta es una oportunidad para reunirse con un amigo y disfrutar tocando música. El otro estudiante no tiene que tocar el mismo instrumento que tú. Intenta que coincidan exactamente con respeto al ritmo, las notas y la calidad del tono. Eventualmente, puede comenzar a sonar como si las dos partes están siendo interpretadas por una sola persona! Más tarde, intente intercambiar las partes.

186. Baja suave, dulce carroza – Dúo

Canción espiritual africana-americana

187. La bamba – Dúo

Canción folclórica mexicana

ESTUDIOS DE ESCALA Y ARPEGIOS DE RUBANK

Clave de Si bemol

En esta armadura, tocar todos Si♭ y Mi♭.

Clave de Mi bemol

En esta armadura, tocar todos Si♭, Mi♭ y La♭

ESTUDIOS DE ESCALA Y ARPEGIOS DE RUBANK

ESTUDIOS DE RITMO

ESTUDIOS DE RITMO

CREANDO MÚSICA

TEORÍA

Composición

Composición es el arte de crear música original. Usualmente empieza creando una melodía que consiste de varias **frases**, como breves oraciones musicales. Algunas melodías tienen frases que parecen responderle a las frases que parecen presentar una pregunta, como en las obra de Beethoven *"Ode To Joy"*. Toca esta melodía y escucha como las frases 2 y 4 dan respuestas un poco variadas a la misma pregunta (frase 1 y 3).

1. Oda a la alegría

Ludwig van Beethoven

1. Pregunta *2. Respuesta* *3. Pregunta* *4. Respuesta*

2. P. y R. *Escribe tu propia frase de "respuesta" en esta melodía*

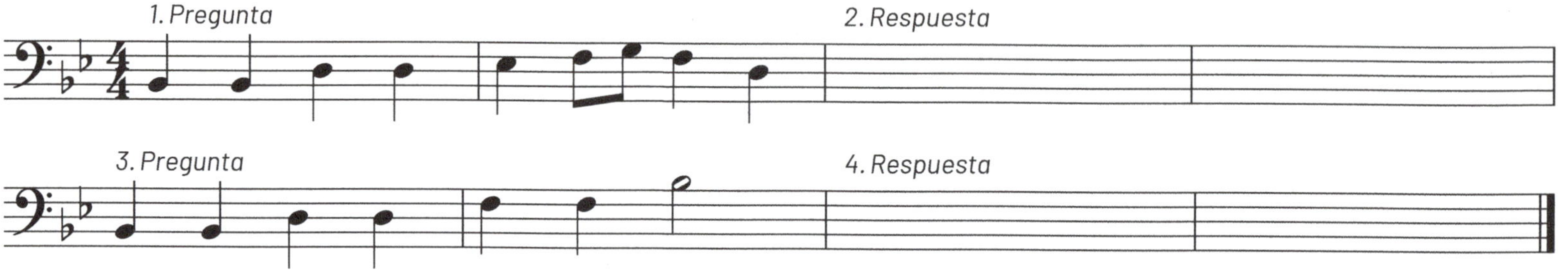

1. Pregunta *2. Respuesta*

3. Pregunta *4. Respuesta*

3. Desarolladores de frases *Escribe 4 frases diferentes usando los ritmos debajo de cada pentagrama.*

A

C

B

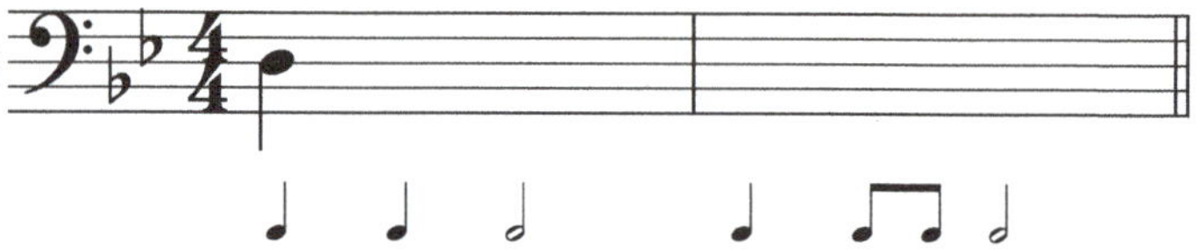

D

4. Créa su proprio título: ____________________

Escoge la frase A, B, C o D de arriba y escríbela como la "Pregunta" para las frases 1 y 3 debajo. Luego escribe 2 respuestas diferentes para las frases 2 y 4.

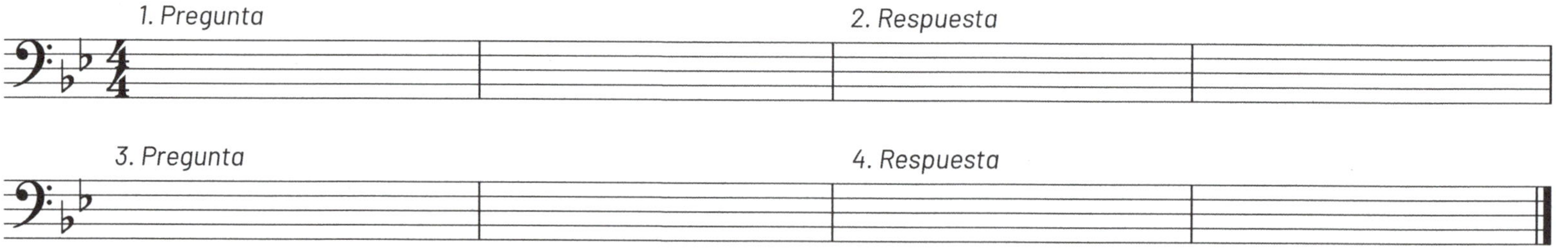

1. Pregunta *2. Respuesta*

3. Pregunta *4. Respuesta*

TEORÍA

Improvisación

La improvisación es el arte de crear libremente tu propia melodía mientras tocas. Usa estas notas para tocar tu propia melodía (Línea A), para tocar con el acompañamiento (Línea B).

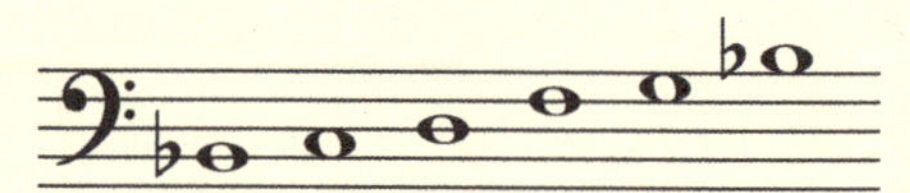

5. Melodía instante

Puedes marcar tu progreso a través del libro en esta página.
Rellena las estrellas según las instrucciones del director de la banda.

1. Página, 2-3 Los básicos
2. Página 5, EE prueba, n.º 13
3. Página 6, EE prueba, n.º 19
4. Página 7, EE prueba, n.º 26
5. Página 8, EE prueba, n.º 32
6. Página 10, EE prueba, n.º 45
7. Página 12-13, rendimiento destacado
8. Página 14, EE prueba, n.º 65
9. Página 15, creatividad esencial, n.º 72
10. Página 17, EE prueba, n.º 84
11. Página 17, creatividad esencial, n.º 85
12. Página 19, EE prueba, n.º 98
13. Página 20, creatividad esencial, n.º 104
14. Página 21, n.º 109
15. Página 22, EE prueba, n.º 117
16. Página 23, rendimiento destacado
17. Página 24, EE prueba, n.º 125
18. Página 26, creatividad esencial
19. Página 28, n.º 149
20. Página 28, EE prueba, n.º 151
21. Página 29, rendimiento destacado
22. Página 31, EE prueba, n.º 164
23. Página 32, EE prueba, n.º 168
24. Página 33, n.º 174
25. Página 35, EE prueba, n.º 181
26. Página 36, rendimiento destacado
27. Página 37, rendimiento destacado
28. Página 38, rendimiento destacado

Música – un elemento esencial de la vida

TABLA DE DIGITACIONES

FAGOT

Cuidando tu instrumento

Antes de guardar tu instrumento en su estuche después de tocar, haz lo siguiente:

- Quita cuidadosamente la lengüeta y sopla aire a través de ella. Guarda la lengüeta en su estuche.
- Retira el bocal y sopla aire por el extremo más grande para eliminar el exceso de humedad.
- Desarma el instrumento en el orden inverso al de montaje. Limpia cada sección con una gamuza o varilla de limpieza. Deja caer el peso de la gamuza por cada sección y pásala para secar. Guarda cada sección en el lugar correcto dentro del estuche.

○ = Abierto
● = Presionado
◒ = Medio agujero tapado
◕ = Un cuarto de agujero abierto
● = Flicked
○ = Opcional

La digitation más común aparece primero cuando dos digitaciones se ofrecen.

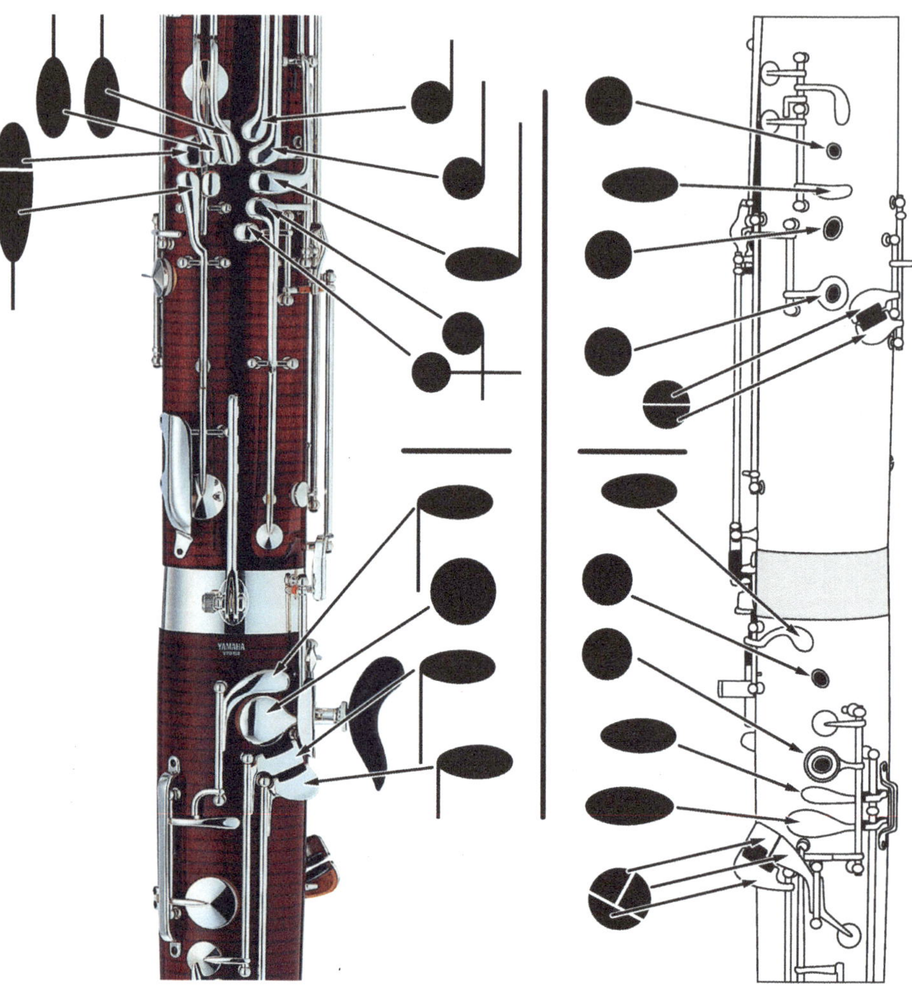

Instrumentos y fotos cortesía de Yamaha

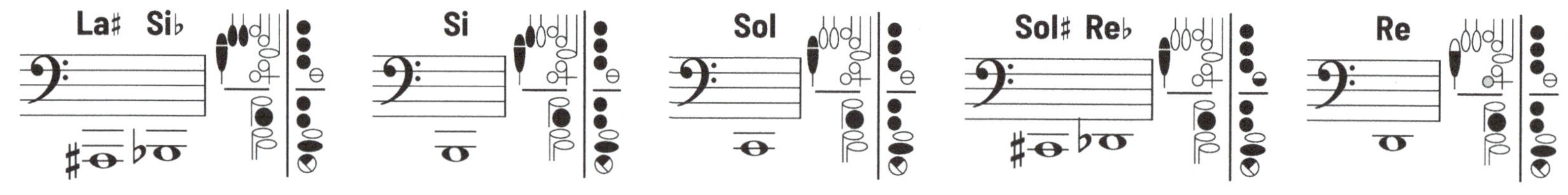

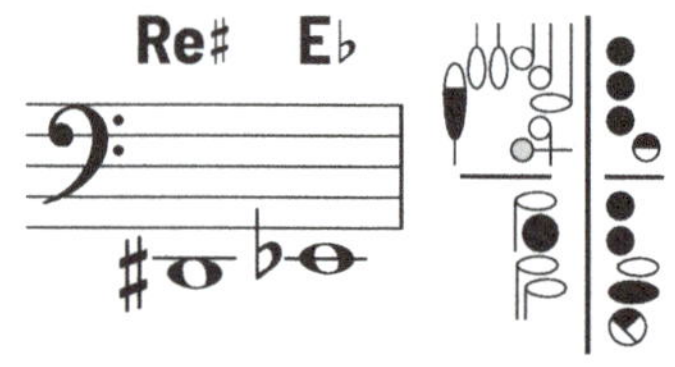

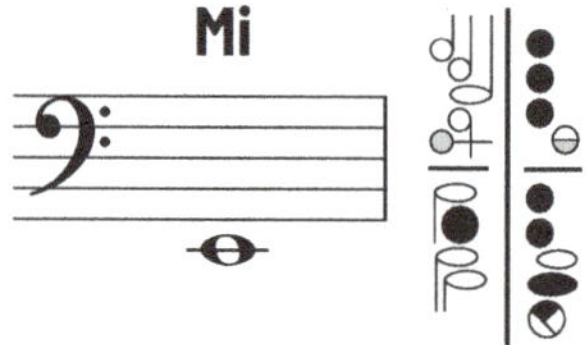

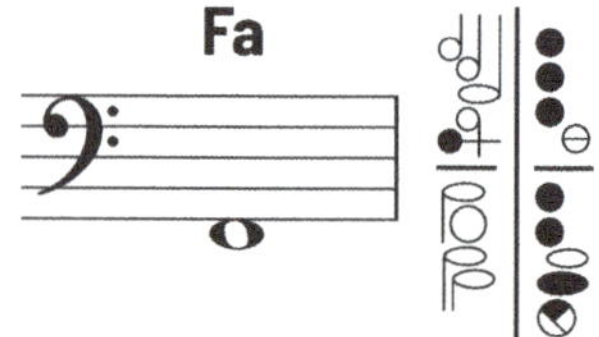

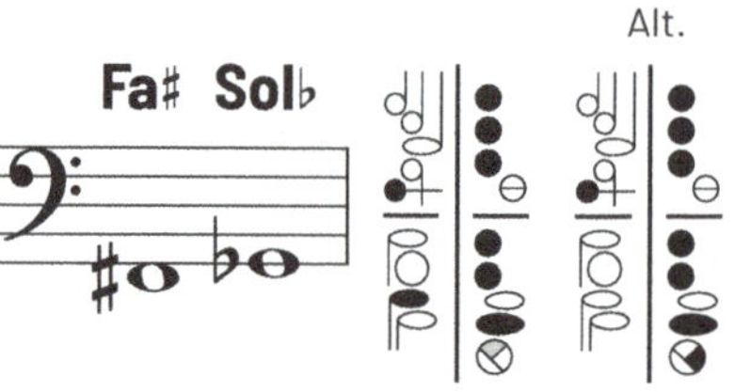

TABLA DE DIGITACIONES FAGOT

Índice de referencia

Definiciones (páginas)

Compositores

Música del mundo